刑事不法論の再構成

振津隆行著

成文堂

故中山研一先生
内藤　謙先生
に本書を捧げます

はしがき

つとに、恩師中義勝先生は以下のように述べられた。「自説の根幹にふれる部分に改訂の大斧をふるうことは、われとわが骨身を削るいとなみであって、やや大袈裟だが一種の改宗・転向であろう。しかし、思想家はおのれの思想そのものによって報復をうけ、学者は自説によってこそもっとも厳しく断罪されると聞く。これは、思想や魂の問題に手を染める者が一様に受けねばならない業苦でもあろう」と。私も、中先生のそれと同じ思いにかられて、本書を草することにした。しかしながら、かような改説こそは、まさに同じく中先生がかつて語られたごとく、大略以下のような思いからである。すなわち、「師説に盲従するは、師説を尊重するに似て、その実、師説をもっとも蔑視するものである。師説から脱殻しえぬものは、かえりみて依然たる不宵の徒であると歎ぜねばならぬ」と。かような師弟の関係こそ、関西刑法学の古き良き伝統であってみれば、私の改説ごときものもそれに漏れるものではない。しかし、それとても私の誤解にもとづく謬見にすぎないのかもしれない。すなわち、現代ドイツの圧倒的通説およびわが国の通説からみれば、かような説は出てこないのであって、あたら異端の説を唱えるものでもあろう。しかしながら、私がいわゆる行為無価値論から結果無価値論に改説するに至ったことについては、中山研一、内藤謙両先生に負うところ多大である。すなわち、中山先生は、その民主主義刑法学の立場から、刑罰権の可能なかぎりの制限に主眼があるのであって、刑法ドグマーティクの根拠づけという点ではやややいまだしきもの

があることは、これを認めざるをえないが、内藤先生のそれは、その名著『刑法理論の史的展開』（有斐閣　二〇〇七年）を通じて私自身も納得も説得もされ、私が改説の大斧をふるう多大なきっかけを与えられた。本書により私は、二〇〇七年一一月一四日より、本来の意味での「客観的違法論」、すなわち、いわゆる「結果無価値」論に改説するに至らせたものである。その意味で、私は内藤先生の直接の弟子ではないものの、その多数の御著書・論考を通じて間接的にではあるが、師と仰ぐものの一人である。以上のような意味で、本書を中山研一、内藤謙両先生に捧げたいと思う。

もっとも、本書のごとき採算のとれない純学術書は、その公刊を許容する出版社なくしては考えられないであろう。その機会を与えられた成文堂社長阿部成一氏、および本書を実際に担当していただいた編集部の篠崎雄彦氏に深甚の謝意を表するしだいである。

二〇一五年七月七日

振　津　隆　行

収録論文初出一覧

第一章　ヘーゲルとヘーゲリアナーの犯罪概念（『金沢法学』第五五巻第二号　二〇一二年）

第二章　認識なき正当防衛について（『金沢法学』第五六巻第一号　二〇一三年）認識なき正当防衛小考（『金沢法学』第五七巻第一号　二〇一四年）

第三章　フォイエルバッハの不能犯論（『金沢法学』第五七巻第一号　二〇一四年）

第四章　ミッターマイヤーの不能犯論（『金沢法学』第五七巻第一号　二〇一四年）

第五章　不能犯論の再構成（『金沢法学』第五七巻第二号　二〇一五年）

第六章　主観的不法要素全面的否認説の再評価（書き下ろし）

第七章　条件説と「条件関係論」について（書き下ろし）

補　論

①《紹介》クラウス・ロクシン「未遂の処罰根拠について」（『金沢法学』第四一巻第一号　一九九八年）

②（判例評釈）久留米駅事件『刑法判例百選Ⅰ総論〔第六版〕』（別冊ジュリスト一八九号　二〇〇八年）

③（判例評釈）被害軽微の場合の可罰的違法性——マジックホン事件『刑法判例百選Ⅰ総論〔第七版〕』（別冊ジュリスト二二〇号　二〇一四年）

目　次

第一章　ヘーゲルとヘーゲリアナーの犯罪概念

第一節　はじめに

ギュンター・ヤコブスの刑法ドグマーティクは、ルーマン理論の影響を受けていることは、つとに周知の事実であるが、また彼の刑法的体系思考は、ヘーゲル哲学にも依拠していることも然るのである。ヤコブスは、彼の行為概念ないし行為論を、とりわけ一九九一年の彼の教科書[1]および『刑法上の行為概念』（一九九二年）[2]という小著において展開している。結論的に、ヤコブスは多くの相互に続く研究諸論文において、行為概念を一般的犯罪概念の意味において定式化し、それでもって、行為概念に関する刑法ドグマーティッシュな議論を、少なくとも用語論上広範囲に一九世紀中頃の状況に還元しているのである[3]。

そこで、本小稿において、その基礎となっているヘーゲルとヘーゲリアナーの犯罪概念につき、一瞥を加えることも意義あるものと思料し、以下でスケッチ的に考察を加えることにする。

（1）*Jakobs*, Günther : Strafrecht, Allgemeiner Teil : Die Grundlagen und die Zurechnungslehre. Lehrbuch, 2. Aufl., 1991.
（2）*Jakobs*, G : Der strafrechtliche Handlungsbegriff, 1992.
（3）*Schneider*, Hendrik : Kann die Einübung in Normanerkennung die Strafrechtsdogmatik leiten? Eine Kritik des strafrechtlichen Funktionalismus, 2004, S.93. なお、本稿はシュナイダーの本書にかなり依拠しているということを付言しておく。

第二節　ヘーゲルとヘーゲリアナーの犯罪概念

今日、通説的に語られている犯罪論体系の定義として、「構成要件に該当し、違法かつ有責な行為」であるというのはきわめて周知の事実である。

もっとも、かような定義は一朝一夕に確立されたわけではなく、まず客観的違法性という意味での犯罪メルクマールは、フランツ・フォン・リストによって、一八八一年に導入され[4]、構成要件の概念は、一九〇六年にベーリング[5]により導入されたのも周知の事実である。

そこで、かような古典的犯罪論体系が確立される以前の、一九世紀の中頃の状況はいかなるものであったであろうかが問題となる。すなわち、一九世紀中頃のヘーゲルとヘーゲリアナーに代表される当時の刑法ドグマーティッシュな議論として、一般的犯罪概念の意味において、「行為概念」が捉えられていたのである[6]。

この出発点からアプローチするとすれば、まず第一に、ヘーゲリアナー（ユリス・フリードリッヒ・ハインリッヒ・アベック〔一七九六年―一八六八年〕、クリスチアン・ラインホルト・ケストリン〔一八一三年―一八五六年〕およびアルベルト・フ

リードリッヒ・ベルナー（一八一八年―一九〇七年）の行為概念が視角の中に入り込む[7]。この刑法ドグマーティクの礎石は、観念論哲学[8]およびここでもって、それに相応する人間像並びに、ゲオルク・ヴィルヘルム・フリードリッヒ・ヘーゲル（一七七〇年―一八三一年）による『法の哲学綱要』（一版、一八二一年）それ自体において展開された行為の理解である。ヘーゲルによれば、人間はその他の現象に対して、その性質上特別の地位を占めるのである。人間の行為は、単に自然の法則性に従わないし、あるいは感覚器官によって伝達された環境の刺激の産物であり、それは世界への地位を取るという特別の人間の能力の結果なのである。この能力のお陰で、人間は少なくとも原則的に、「精神的な本質」、「倫理的な人格性」であることを身に着けるのであり、そして彼は「自然状態」を克服し、そして自由に答責的に観念的な目標設定および価値に義務づけるべき自由をもっているのである。人間のこの展開の自由性は、行為の中へと転換する意志の結果に対する彼の答責性に相応するのである[9]。

人間にその行為態様を、それでもって整序すべき一般的な命令は、この領域では以下のような内容である。すなわち、「一個の人格であれ、そしてその他のひとびとをもろもろの人格として尊敬せよ[10]」（傍点、原文イタリック）である。「一般理性」から発する「客観的倫理性」および法の諸原則は、この一般的義務を具象化し、そして行為の指針として、その内部でヘーゲルによって以下において取り扱われる不法[11]、行為、帰属および責任に関する問題が獲得されるところの枠を形成している。ヘーゲルにとって、不法は法の恣意的な否定であって、そして従って法的規制に基づいて判断された具体的なないし物理的な事象ではなく、この規則に違反し、そしてそれ故に法を否定する意志実現なのである。したがって、ヘーゲルは「意志が主観的もしくは道徳的（意志として＝筆者挿入）、外に現われる[12]」（傍点、原文イタリック）ものとして行為が表示され、そして「わたくしの自由に関係して[13]」いるところのその

行為の結果のみが個々人に帰せられる。それゆえに、ヘーゲルにあっては故意の行為のみが帰せられる。意志決定の外部にある、すなわち過失で招来した結果は、この行為概念からは未だ考慮されなかった。もっとも、その後のヘーゲリアナーであるアベック、ケストリンおよびベルナーは、過失を行為概念に組み込んだのである。(14)

ある所為に、法の恣意的な否定として現われるところの行為の結果の帰属は、ヘーゲルによれば更に、「自由な意欲の能力」が存在していたということを前提にしている。(15)したがって、ヘーゲルは行為する者が責任能力をもっていたときにのみ、行為ということを述べるのである。けだし、責任能力が存在するかぎりでのみ、自由な決定、すなわち人倫と法の命令に反する自由に選択された態度表明ということが語られうるのである。

ヘーゲルに従って基礎を置かれた、行為という唯一の概念における行為および責任の統合は、このアプローチを具体的な刑法ドグマーティクの中に転用するヘーゲリアナー達によっても維持され、そして術語的にも尖鋭化された。行為の概念は、彼らの見解によれば、違法かつ有責な行為のみを捉えるものであり、そして従って犯罪の概念と同義のものなのである。そこで、「不法な行為」は、たとえばヘーゲルに時間的に最も接近しており、そして既に彼の『刑法学の体系』（一八二六年）の著書の序文においてヘーゲルの伝統において刑法学の哲学的基礎づけを告白しているアベックによれば、直接的に主体、意思、所為、法違反性（Widerrechtlichkeit）（すなわち「存在する法の有責な背反」(16)）および可罰性を一緒にするものである。この個々の成分は、刑法的な行為の概念への帰属の目的のために寄与するところの、単なる属性ではなく、それは直接的に行為の概念を構成するものなのである。そのメルクマールの一つでも欠けるとすれば、アベックによればまた「行為」ということが語られえないのである。

これに基づき構築したケストリンは、彼の『刑法の基本概念の新修正』（一八四五年）において行為概念を定義

し、それによれば刑法における行為は「（帰責能力のある）主体の現実化された（自由な）意思」であるとしているのである。したがって、彼は「行為の動揺する原則」を意思の中に見ており、「（その意思）は、同様に法に帰せられ、それがそれによって設定されるかぎりでのみ外界における変更がその産物として妥当させられるものである。[17]」ここで、本質的な大綱においてベルナーによっても主張されているところの行為概念のこの構想に従ってもまた行為と帰属がおおわれているのである。[18]「行為の概念が十分であり、帰属の概念も十分であるかぎり、そして行為の概念が中止するところでは帰属の概念もまた中止する。[19]」一九世紀の八〇年代に至るまで、ヘーゲルによって影響を受けた刑法ドグマーティクは、それ故に、それにたいして犯罪の原型を意味するところの「行為概念」でもって作動しているのである。それに相応して、一九〇四年のラートブルフのハビリタチオーンスシュリフト『刑法体系に対するその意義における行為概念』において、彼はこの時代の行為概念を以下のように要約するのである。すなわち、「刑法家にとっては、犯罪は行為そのものであり、そして『法の外部にある行為とか、あるいはそう称されているところのものは、その領域にとって全くどうでもよいことなのである[20]』。」と。

それに続く行為概念の刑法上の議論は、たんにそれに基礎を置いている哲学的体系のみならず、とりわけまたヘーゲリアナーの行為概念の実際上の帰結にも攻撃を加えるのである。行為、帰属および責任の問題領域の融合は、もはや刑法の多層的な問題を適切に位置づけ、そして概念的に取り扱うために必要であったドグマーティッシュな区別と段階づけについての要請に相応するものではなかった。その後の体系の構想は、それ故に一般的な犯罪概念の分解と体系化の意味における犯罪行為の更なるメルクマールを位置づけうるところの行為概念を定式化するということに努力を傾注するのである。それを遂行したのが、まさにフランツ・フォン・リストであった。すな

わち、「一　犯罪は行為として（行為概念、犯行の場所と時点、因果関係、不作為）、二　犯罪は違法な行為として（とりわけ、正当防衛および違法阻却事由としての緊急避難）、三　犯罪は有責で違法な行為として……。」[21]（傍点、原文隔字体）である。

（4）　*Liszt*, Franz Eduard von : Das Deutsche Reichsstrafrecht auf Grund des Reichsstrafgesetzbuchcs und der übrigen strafrechtlichen Reichsgesetze unter Berücksichtung der Rechtsprechung des Reichsgerichts, 1881. これについては、振津隆行『過失犯における主観的正当化要素の理論』二七頁以下参照（成文堂　二〇一二年）。

（5）　*Beling*, Ernst : Die Lehre vom Verbrechen, 1906.

（6）　山中教授も、以下のように述べている。すなわち、「一九世紀における刑法の犯罪論は、まず、行為を中心にその行為主体への帰属が論じられ、しかも、行為能力と責任能力が明確に区別されず、体系的には、責任と違法性の区別も今日のように明確でなかった」とされている（山中敬一「ドイツにおける近代犯罪論の生成の現代的意義」二四頁『法律時報』八四巻一号、二〇一二年）。なお、より詳しくは、山口邦夫『一九世紀ドイツ刑法学研究――フォイエルバハからメルケルへ――』一一一頁以下等（八千代出版一九七九年）をも参照。

（7）　総括的には、*Otter*, Klaus : Funktionen des Handlungsbegriffs im Verbrechensaufbau?, 1973, S.30-34 ; *Radbruch*, Gustav : Der Handlungsbegriff in seiner Bedeutung für das Strafrechtssystem. Zugleich ein Beitrag zur Lehre von der rechtswissenschaftlichen Systematik, 1904, ; *Bubnoff*, Eckhard von : Die Entwicklung des strafrechtlichen Handlungsbegriffes von Feuerbach bis Liszt unter besonderer Berücksichtigung der Hegelschule, 1966.

（8）　*Otter*, K : Handlungsbegriff ［Anm.7］, S.30.

（9）　*Bubnoff*, E.v. : Handlungsbegriff ［Anm.7］, S.37 ff.

（10）　*Hegel*, Georg Willhelm Friedrich : Grundlinien der Philosophie des Rechts, 4. Aufl., 1955, S.52（§36）. 本文の訳は本書の邦訳、藤野　渉＝赤澤正敏『世界の名著　ヘーゲル』二五二頁（中央公論社　一九六七年）に依拠した。

（11）　*Hegel*, G. F. W. : Philosophie des Rechts 1955, ［Anm.10］, S.88 ff.（§§84 ff.）.

（12）*Hegel*, G. F. W. : Philosophie des Rechts 1955, [Anm.10], S.105（§113）.

（13）*Hegel*, G. F. W. : Philosophie des Rechts 1955, [Anm.10], S.106（§115ff.）.

（14）Vgl. *Bubnoff*, E. v. : Handlungsbegriff [Anm.7]., アベックにつきS.56 f., ケストリンにつき63 ff., ベルナーにつき75 ff.

（15）Vgl. *Hegel*, G. F. W. : Philosophie des Rechts 1955 [Anm.10], S.109（§120）.

（16）*Abegg*, Julius Friedrich Heinrich : System der Criminal-Rechts-Wissenschaft, 1826, S.36.

（17）*Köstlin*, Reinhold : System des deutschen Strafrechts, 1855, S.156（§56）.

（18）*Köstlin*, R. : System [Anm.17], S.157（§56）.

（19）*Berner*, Albert Friedrich : Lehrbuch des Deutschen Strafrechts, 4. Aufl., 1861, S.138, 139.

（20）*Radbruch*, G. : Handlungsbegriff [Anm.7], S.89.

（21）*Liszt*, Franz von : Literaturbericht Strafrecht, in : ZStW 1（1881）, S.157. なお、その後の比較可能な体系性として、ベーリングにあっては、*Beling*, E. : Lehre vom Verbrechen [Anm.5],「Ⅰ．犯罪は行為として（S.8 ff.）、Ⅱ．犯罪は構成要件に該当する行為として（S.20 ff.）、Ⅲ．犯罪は、違法な行為として（S.31 ff.）、Ⅳ．犯罪は、有責な行為として（S.42 ff.）」妥当するとするのである。もっとも、ベーリングの犯罪の定義としては、「犯罪とは、構成要件に該当する、違法で、有責な、それに相応する法定刑のもとに置くことができ、また、法定刑の条件を充たす行為である」（S.7＝傍点、原文イタリック）というものであり、現在の処罰条件も定義の中に含まれていたのである（なお、山中前掲注（6）二五頁をも参照）。

第三節　まとめ

以上のように、ヘーゲルとヘーゲリアナーによる「行為概念」を基軸とした犯罪概念が、その後のフォン・リストやベーリング等により分解・解消されて古典的犯罪論体系として展開されていったのである。

もっとも、はじめに述べたごとく、ヘーゲルとヘーゲリアナーの犯罪概念をスケッチすることは、今日においてもヤコブスの行為概念の理解にとってきわめて重要であろうと思われるのである。そういった意味において、本小稿も意義あるものと思料する次第である。

第二章　認識なき正当防衛について

第一節　はじめに

認識なき正当防衛（わが国で、いわゆる「偶然防衛」）につき、防衛意思の要否の問題、すなわち一方でこれを必要とした場合、必要説内部でその内容および法的効果につき、他方でこれを不要とした場合、不要説内部でその効果につき、従来から激論が闘わされてきており、現在でも未だ明確な解決に至っておらず、百家争鳴の観を呈し、まさに激論の渦中にあるといってよい。

この問題は、違法論、ひいては犯罪論体系全体にわたる諸見解の対立が蝟集して顕現する問題であるだけに、より深刻な問題であるといってよいであろう。

私自身も、研究の出発点からこの問題についての考察を企て数十年を閲するが、今回この問題に一応の決着をつけるべく企図し、その総決算を行おうとするのが本稿である。

では、かかる問題が元来どこから提起され、いかように展開され現在に至っているかにつき可能な限り明確にし

た上で、現在の私自身の見解を提示すべく筆を執った次第である。その際、私の従来からの見解をも含めて、その重複を畏れず、原点に立ち戻って論を進めることにしたい。

第二節　本問題の淵源――ビンディングの問題提起

私が探求したかぎりで、「認識なき正当防衛（unbewußte Notwehr）」という問題をそもそも最初に提起したのは、ドイツのカール・ビンディングである。彼は、一八七七年に出版したその主著『規範とその違反　第Ⅱ巻』[1]において、ここで関心のある議論を、以前の（früher）故意ではなく行為の瞬間において存する故意のみが決定的たりうるという彼の命題に結びつける。その説明のために、彼はその当時の比較的近時の現実に生じた事件を修正した「興味深い法律事件」（有名なアルプレヒト事件とされているもの[2]）を挙げたのである。すなわち、

卓越した評判の若い彫刻家――名はアルプレヒト――は、彼の愛する母親が粗暴な継父によって永続的な非道い虐待を受けていることに心底から心苦しく感じていたが、ある夜、再び両親の寝室から喧騒が聞こえてきたとき、斧で継父を殺害しようと決意する。彼が灯りと手斧をもってその室に足を踏み入れるときに、彼は母親のベッドの上でひざまずいている継父を見、そして彼女に次のように大声でどなっているのを聞く。「さあ、お前を射殺してから、おれも死ぬ。殺してやる！」と。母親は、「射ちなさいよ。そしたらすべてが終るわ」と答える。そこで、その息子は「母親を救うために」それが正しい正当防衛の武器になることを認識しなかったところの凶器たる手斧をすばやく振り上げ、父親の頭を割ることで、彼の射殺を阻止する。これにつき、ビンディングは以下のように考

える。「このことを行う権限をもって母親を救うという意図（Absicht）は、犯罪的故意を排除するのであり、アルプレヒトはそのことを認識する必要はない。彼がその室の薄暗がりのために、母親の危険な状態を全く気づかなかったが、依然として母親を救うためにまさに適時に父親を打ち殺したとするなら、既遂の謀殺が存しよう。かように密接に許される行為と最も重大な犯行とがしばしば相互に限界を画するのである[3]」と。

以上のところから、ビンディングは、「防衛意思」を客観的正当防衛の認識として捉えていること、またその欠如は既遂となること、さらに、既述のように防衛意思を故意、すなわち責任との関連で述べている点に注意しておかねばならない（もっとも、この期のビンディングは、主観的不法論者であったということも想起しておかねばならないであろう[4]）。なお、その後の一八八五年のビンディングの『刑法ハンドブック』でも、客観的正当化状況の存在にもかかわらず、その意識（Bewußtsein）ないし意思（Wille）が欠けるときには、正当防衛権は与えられず、既遂犯が成立するという同様の指摘がなされているのである[5]。

（1）*Karl Binding*, Die Normen und ihre Übertretung, Zweiter Band, 1. Auflage, 1877, S.194 f.; *ders.*, Bd. II. 1. H., 2. Auflage, 1914, S.611 f.

（2）*Edmund Mezger*, Strafrecht, 3. Auflage, 1949, S.236 Fn.16.

（3）*Binding*, Normen, Bd. II, 1. Aufl., S. 194 f.; *ders.*, Bd. II, 1. H., 2. Aufl., S. 611 f.

（4）振津隆行『過失犯における主観的正当化要素の理論』（成文堂　二〇一二年）三〇頁以下等参照。

（5）*Binding*, Handbuch des Strafrechts, 1885, S.750 und dort Fn.66.

第三節　ビンディングの問題提起に対するその当時の諸見解の状況

ビンディングの問題提起とその解決を巡って、その当時様々な諸見解が提示された。

(i)既遂論　「認識なき正当防衛」の解決につき、ビンディング同様の既遂論を採る者として以下のような論者がいる。

先ず、ヘルシュナーは一八八一年の彼の教科書の脚注において、「正当防衛を行使できる状況にあることを知ることなしに、侵害し、殺害する者は、可罰的である」(6)として、ビンディング説に賛同し、同旨の論者として、ハイツも既遂論者であったという指摘もある。(7)

(ii)未遂論　ビンディングの設例の挙示の翌年（一八七八年）に、フォン・ブーリはビンディングの設例と結論を挙示して、「その息子は、なんといっても彼の行為は少なくとも客観的に正当化されるものであるから、謀殺未遂のかどでのみ要請されうるものであると、私はむしろ信ずるのである」として未遂論を表明しているが、それ以上の論拠は与えられていない。(8)

もっとも、その少し後（一九〇九年）にビンディング説に同じく反論した、フォン・バールによれば、「正当防衛は、行為の判断に関して考察するために、行為者は違法な攻撃を防衛する意図（Absicht）をもって、すなわち、目的（Zweck）をもって行為すること、かくして、正当防衛状態の客観的存在が十分ではないということ――この問題を注目させたのはビンディングの功績である」(9)（傍点、原文隔字体）としながらも、フォン・バールは、かような

防衛意思の問題は結局未遂の問題であり、そして前頁で実に逆の事例が誤想防衛に関するものであるとする。すなわち、誤想防衛にあっては、行為者は現在の違法な攻撃を回避しようという誤信に捉われていようことで客観的な正当防衛において行為するのではなく、他方、彼はここでは客観的に正当防衛の中にあり、しかし、「違法な故意」をもって犯罪を犯そうとするのである。だが、違法な攻撃を企てようとする者は、この攻撃のために、正当防衛を度外視して、防衛行為の中に存するであろうところの犯罪の不能な客体であろうということで、不能な客体についての未遂に関する諸原則が考慮され、そして、それにより、私見によれば行為者は不処罰（straffrei）となる、とされているのである。それ故、ビンディングの議論の結論には、全く同意しかねるのである、とされているのである。(10)

かように同じく未遂論に立っても、その未遂観の相違により、前者のフォン・ブーリは謀殺未遂による処罰を、後者のフォン・バールは不能未遂による不処罰をそれぞれ主張していたのである。

（6） *Hugo Hälschner*, Das gemeine deutsche Strafrecht systematisch dargestellt, Erster Band, 1881, S.272 Fn.2.

（7） *Heiz*, Das Wesen des Vorsatzes im heutigen gemeinen Strafrecht, Diss. Strassb., 1885, S. 36-37（中　義勝『誤想防衛論』〔有斐閣　一九七一年〕四六頁以下、特に五五頁以下、佐久間　修『刑法における事実の錯誤』〔成文堂　一九八七年〕三八五頁注（1）参照）。

（8） *Maximilian von Buri*, Abhandlungen aus den Strafrecht, Verursachung und unterlassene Verhinderung, Der Gerichtssarl Bd.29, Beilageheft, 1878., S. 107.

（9） *Ludwich von Bar*, Gesetz und Schuld im Strafrecht. Band III : Die Befreiung von Schuld und Strafe durch das Strafgesetz, 1909, S.206.

（10） *v. Bar*, a. a. O., S.206–207.

第四節　当時のドイツ民法学界での動向

当時のドイツ民法学界でこの「認識なき正当防衛」につき論議を初めたのは、ヴィルヘルムⅡ世時代の最大の法学者とみなされている、多方面で活躍したヨーゼフ・コーラーであった[11]。コーラーは、一九〇六年の彼の教科書『民法教科書、第Ⅰ巻、総則』において、以下のような設例を挙げたのである。すなわち、「私が、私の仇敵と考えているある者を憎悪と復讐心から打ち倒し、そして、彼が私の生命を狙っていたということ、そして、私が彼を憎悪から打ち殺さなければ、彼が、私の生命を奪っていたであろうということが、事後的に初めて判明する[12]」というものである。

この設例を挙げる前文で、彼は正当防衛とは権利であり、実に権利行使の意味での権利である。正当防衛の行使は法律行為ではなく、法的行為でもなく、それはそれ故にまた、行為無能力者にも精神障害者にも権利があり、そして本設例のごとき「認識なき正当防衛」も正当防衛として否定することは不当なのだとして、これも正当防衛たりうるとして、防衛意思不要説の立場から本設例を挙げたのである[13]。

もっとも、コーラーの本設例が挙げられた五年後（一九一一年）に、すでに民法学者フィッシャーにより反対説が主張されたのである。すなわち、彼によれば、「正当防衛は、権利行使として、少なくとも行使者の制限的な行為能力を必要とする。それが事情によっては否認へと導くであろうということは、認められるべきであるが、どうしようもなく背負わされねばならないものである。ただに正確な構成の実施がそのためにではなく、正当防衛は意識

的に防衛の目的（Verteidigungszweck）に向けられていなければならないであろうことでそうなのである（vgl. oben S.138）。まさに、コーラー（BR. I S.208/9）において、認識なき正当防衛について持ち出された例は、ここで主張されている反対説の有利に宣伝されてもよかろう。[14]」と書かれたのである。

　この本文の中で、上記一三八頁を参照せよと書かれているが、ここでは拙著でも挙げたことであるが、確認的にフィッシャーの見解に言及すると、「シカネー禁止（＝権利濫用の禁止）で不道徳な目的（Zweck）が違法性を喚起するように、正当防衛にあっても違法性を阻却するか否かにとり決定的なものは外部的事実ではなく、目的（Zweck）である。防衛の目的（Verteidigungszweck）が支配しなければならず、それは、たとい報復といった副次目的が存在しうるとしても、まさに正当防衛を排除することはないが、手段を神聖にする。しかし、旧怨からまたは単に復讐心のみから攻撃者を侵害し、または長く続く殴り合いのある段階で、まさに攻撃してきた相手を激昂して打倒する者は、正当防衛で行為するものではない[15]」（傍点、原文隔字体）として、反対説が主張されていたのである。もっとも、その脚注（33）でも述べているように、通説は、防衛の目的の強調には明らかに相即するものではないと書かれており[16]、あくまでもフィッシャーの見解は異説であって、その当時には防衛意思の不要説が支配的であり、そのことは刑法学界においても同様であったのである。

（11）コーラーについては、以下のような記事がある。「ヨーゼフ・コーラー（Josef Kohler, 1849-1919）。ヴュルツブルク、ベルリン各大学の教授を歴任した。ほとんど信じがたいほどの多くの業績をあげた多才な著作家で（かれの息子アルトゥール Arthur による『Josef-Kohler-Bibliograhie』1931、はすべての法領域にわたるほか、さらに歴史・哲学・美学の論文、詩、歌曲その他にわたって二一四四点を含む）、ヴィルヘルム二世時代の最大の法学者とみなされた。コーラーの重要性は、とりわけ「無体財産権

（『Deutsches Patentrecht 1878；『Urheberrecht an Schriftwerken und Verlagsrecht』1907；『Kunstwerkrecht』1908）、就業規整法（『Der unlantere Wettwerb』1914）、商標法（『Das Recht des Markenschutzes』1884）に関する研究にある。それらによって、かれはこれら法領域の近代的解釈学のための基礎をしいた。一般法史（Universalrechtsgeschichte）についてのかれの著作は、今日なお、少なくとも目標設定において必読とされる。」（クラインハイヤー＝シュレーダー編　小林孝輔監訳『ドイツ法学者事典』（学陽書房　一九八三年）一五八頁。

（12）*Josef Kohler*, Lehrbuch des Bürgerlichen Rechts, Erster Band, Allgemeiner Teil, 1906, S.208 f.

（13）*Kohler*, a. a. O., S.208.

（14）*Hans Albrecht Fischer*, Die Rechtswidrigkeit mit besonderer Berücksichtigung des Privatrechts, 1911, S.215.

（15）*Fischer*, a. a. O., S.138.

（16）*Fischer*, a. a. O., S.138 Fn.33.

第五節　防衛の意思——意図ないし動機と故意ないし単なる意思との区別

すでに一九一七年のケーラーの教科書において、防衛の意思に関し意図ないし動機と故意ないし単なる意思との間が区別されている。

ケーラーは、以下のような例を挙げている。リンゴを盗もうとする若者を、投石によって傷害する者は、正当防衛の限界内で行為するかぎり、防衛しようとする故意が違法性を阻却するのである。

これに対して、正当化する状況の認識があり、彼の権利を行使するが、それには何の権利も賦与しないような動機からする場合は、この事例から区別すべきである。例えば、盗もうとする若者を、その企行を知って、しかも正

当防衛の限界内で、ただ彼が盗もうとする若者の父親に復讐しようとするためだけにのみ、その若者を傷害する者は、にもかかわらず、真の正当防衛ないし緊急救助において行為するのである。権利を行使するという単なる意思が正当防衛のために十分であり、そのために目指された意図（Absicht）はそうではない、と[17]。

ここで、すでにケーラーによって、防衛の意思は防衛の故意ないし単なる意思のみが重要であり、その意図ないし動機は何ら重要ではないとの区別がなされているのである。

（17） *August Köhler*, Deutsches Strafrecht. Allgemeiner Teil, 1917, S.288.

第六節　中間的帰結

「認識なき正当防衛」（わが国で、いわゆる偶然防衛）の問題を初めて提起したのは、一八七七年のビンディングの『規範とその違反　第Ⅱ巻』であった。その際、彼は有名なアルプレヒト事件を挙げて、既遂論を展開した。しかし、その翌年にフォン・ブーリが未遂論を主張し、その後やや降ってフォン・バールは、客体の不能に基づく不能未遂で不処罰としたのである。

他方、民法学界でも、コーラーにより一九〇六年にビンディングと異なる設例が挙げられ、「認識なき正当防衛」も正当防衛足りうるとして、防衛意思不要説が主張された。これに対してフィッシャーは、コーラーの設例を挙げつつ「防衛の目的」が必要であるとして、反対説が主張されたのである。もっとも、その当時にはあくまでも

フィッシャーの見解は異説であって、防衛意思の不要説が支配的であった。すなわち、「認識なき正当防衛」も正当防衛たりうるとするのがその当時の圧倒的な通説であり、防衛意思の不要説が支配的であった。

その直後の一九一七年のケーラーの教科書により、すでに防衛の意思の内容に関し意図ないし動機と故意ないし単なる意思が区別され、正当防衛成立のためには故意ないし単なる意思があれば十分であり、それを超過する意図ないし動機は不要であるとされたのである。

なお、その後のドイツにおける「防衛意思」問題の変遷について詳しくは、拙著で十分論じておいたので、それを参照していただきたい(18)。

(18) 振津『刑事不法論の研究』(成文堂　一九九六年)一九一頁以下参照。

第七節　わが国における判例・学説の状況

一　「防衛意思」に関する初の判例

わが国において、「防衛意思」に関して初めて判断を下したのは、以下の大審院判決である。すなわち、それは昭和一一年一二月七日の大審院判決(大判昭和一一年一二月七日刑集一五巻二二号一五六一頁)であり、その内容は以下のごときものである。

［事実の概要］

第二審は以下のように事実を認定した。

被告人は、昭和十一年三月二十二日午後一時頃、兵庫県赤穂郡相生町松ノ浦道路の南西、相生港岸壁において、X等と共に同所岸壁に繋留せる発動機船より道路工事用砂利の陸揚運搬作業に従事中Xが附近に居合せたる（朝）鮮人女Aに対し、卑猥な（朝）鮮語を以て揶揄したることより、同女の憤怒を買い、互に口論の末、Xは天秤棒を以てA女を殴打するに至りたるが、附近岸壁上に於て之を傍観し居たる被告人は、同人等の中に入り喧嘩を仲裁せんと試みたるも同人等が容易に肯ぜざりしを以て、前同所に引返したるところ其の間Xが前記発動機船に逃るるや、A女は被告人に立ち向い来り突然被告人の胸倉を摑みたるを以て被告人は之に憤激し、同所に於てA女を海に向い突飛ばし、右岸壁より海中に墜落せしめ、因て同女に対し治療約四日間を要する海水嚥下による気管支炎症を負わしめたるものにして、被告人は心神耗弱の状態に在りたるものなり。

弁護人は被告人の本件所為は正当防衛にして、然らずとするも過剰防衛なる旨主張したが、原審裁判所は、被害者A女の被告人に対する本件所為は、被告人及びA女の年齢、性別、体力の差異その他犯行当時の諸般の情況に関する被告人の当公廷における供述に徴するも、未だこれをもって急迫なる侵害とは認め難く、かつ被告人はA女より胸倉を摑まれ、これに憤激して判示暴行に出でたること被告人の当公廷における供述により明らかなるをもって、被告人の本件所為は判示不正の侵害を防衛する為出でたるものに非ずと認定するの外なく、被告人の判示所為には到底正当防衛の観念を容るるの余地存せざるものとす。果して然らば、正当防衛の程度を超過したりと主張する過剰防衛の成立をも認むること能はざるや勿論にして、弁護人の弁疏は凡そ排斥を免れず、として、被告人の所

為に対して、刑法第二〇四条を適用し、ただ被告人の心神耗弱に基づく軽減のみを認め、科料五円に処した（現在からみれば、民族差別等配慮すべき諸点があるが、あえて本件事案をより正確・明確化するため、原文に可能なかぎり従ったことを、予めお断りしておく）。

〔上告理由〕

論旨やや明確を欠くも、そのいわんとするところは、すなわち、原判決には擬律の錯誤がある。原判決によれば、本件被告人の行為は、急迫不正の侵害を防衛する為に出でたものではないと認定されているが、先ず(a)被害者女の当時の体力または当時の気勢、同女の職業が、土方に類する仕事に従事しているものであること、およびXに摑み掛った状況等より見て、A女は同年輩の一般婦人と異なるものであることを認め得べく、それは急迫の侵害である。また、A女が被告人の胸を摑んで、突然飛懸ってきたのに対し、被告人は夢中で、どうにもならず反撃したこと、被告人は強度の精神耗弱者であったこと、被告人の所為は寧ろ仲裁しようとした道義的に賞讃されるべきことと等に徴し、原審が、何よりも急迫不正の侵害に対する防衛でないとしたことは、失当であり、それは被告人の心神を考慮せず、被告人を責むること甚だ酷、かつ急である。なお、(b)被告人が、憤激して、判示暴行に出たとの原審の認定は、真実に反する。A女が、被告人の胸倉を摑んだから被告人は癪に触り、何するぞと云って、A女を突飛ばしたところ岸壁にいたので、同女が落ちたまでであり、積極的な加害の意思はない。(c)要するに、本件は正当防衛であり、刑法第三六条を適用すべきである。もし仮りに、それは過剰防衛としても、犯行の動機及び被告人の心神程度を考慮し、無罪または刑を免除すべきものである。もし仮りに、それは過剰防衛としても女が非常な勢で

胸倉を摑み飛びかかった際、これを離すために相手を突くということは正に已むなき行為であり、しかも相手を突いた場所が海との距離僅に三尺五寸であり、その中間は大体一尺五寸五分のところにA女が立っていたものであり、単に離すために押したが折悪しく地盤が海に向かって低くなっていたのとXの為に負傷したことを原因として海に落ちたものであって、刑法三六条を適用すべきものである、云々と。

［判決要旨］

A女は被告人に立向い来り、突然被告人の胸倉を摑みたるを以て云々なる原判示に依れば、A女が被告人の生命身体に対し急迫不正の侵害を加つつありたるが如き観あり。従って被告人の判示所為は急迫の侵害に対する正当防衛の過剰に非ずと説明したる原判決は其の形式妥当ならずと雖も、「元来刑法第三十六條は加害行為に付防衛意思の存在を必要とするものにして、縦令急迫不正の侵害ある場合なるにもせよ、之に対する行為が防衛を為す意思に出でたるものに非ざる限り、之を以て正当防衛又は其の程度超越を以て目すべきものに非ずと解するを正当なり」（原文旧字かな使いで句読点はないが、適宜これらを修正した）とする。

さて、本件で被告人は、XとA女との喧嘩を仲裁しようとしたのであって、Xが船内に逃れたのに対し、A女は被告人をXと同類の仲間と誤信して、急迫不正の侵害を加えたのであって、被告人はそれを認識して反撃したのである。そのことは、本判決にも示されているように、A女は被告人に立ち向い来り、突然被告人の胸倉を摑みたるをもって、A女が被告人の生命身体に対し急迫不正の侵害を加えつつありたるが如き観ありという本文でも示され

ているのである。にもかかわらず、本判決は認識を超える憤激の情という、いわば動機・目的をもって防衛意思の欠如という点を捉えて、正当防衛を否定したものといわざるをえない。この意味での「防衛意思」なるものは、まったく不要といえるものであって、本判決には重大な疑念が残るものといえよう。

二　本判決の理論的基礎

昭和一一年大審院判決が出されるその直前に、実務家草野豹一郎大審院判事は、その教科書『刑法總則講義　第一分冊』（昭和一〇年六月五日刊行）において、「惟ふに、規範違反乃至義務違反と云ふことが吾人の社會的共同生活の目的から判定せらるべきものなる以上、それは須らく客觀的に理解せられるべきであつて、主觀的に理解せられるべきではなからう。然し、されぱと云つて行爲者の行爲を爲すに至つた動機原因までをも全然無視して妨ないであらうか。私は正當防衛に關する刑法第三十六條の規定が『自己又ハ他人ノ權利ヲ防衛スル爲メ』なる目的性を擧げて居ることや、他人を害する目的のみを以て權利を行使することが權利の濫用として違法なるものと解せられて居ることなどに鑑みて、行爲の動機原因を顧る意味に於て、行爲の違法性と云ふことに主觀的要素を加味して考へねばならぬと信ずるのである。學者の主觀的違法要素と呼ぶはこのことである。[19]」として、これはその後正当防衛の要件の叙述においても、以下のように述べられることになる。すなわち、「自己又は他人の權利を防衛する目的に出でたことを要するが故に、此の目的を欲くときは、正當防衛は成立しない。これ、私がさきに一言した如く、違法性を解するに行爲を爲すに至つた原因動機を考慮の中に入れねばならぬとした所以である。[20]」とされていたのである。

そして、昭和一一年大審院判決は、この草野判事の教科書に沿う形で判示されたものといえよう。そして、わが国において正当防衛における「防衛意思」の問題が、初めて大いに議論・展開されるにいたったのは、本判決を巡ってであった。

三　本判決を巡る学説の対応

本判決の翌年（昭和一二年）に、本件評釈として、時期的に挙げると、（一）草野判事の「刑法第三十六条と防衛意思[21]」、（二）瀧川幸辰博士の「正当防衛と防衛意志[22]」、（三）安平政吉博士の「正当防衛における『防衛意思[23]』」、最後にこれらの研究を総括して（四）牧野英一博士の「正当防衛と防衛意思[24]」があり、その翌年（昭和一三年）に再度とくに牧野説に対し、（五）草野判事の「正当防衛と防衛意思[25]」がある。

先ず、（一）草野判事の評釈は、本判決について研究したいと思うのは、正当防衛が成立するためには、その行為が防衛の意思をもってなされたことを必要とするか否かの点であるとされる。そして、正当防衛における防衛行為が、主観的に防衛の意思をもってなされたことを要するのか、はたまた、客観的に不正の侵害に対する防衛と解せられることをもって足るかということであって、この点は、けだし、違法性一般に対する解釈いかんによって自ら結論を異にするとされる。すなわち、違法性を客観的に理解するにおいては、行為者の目的意思を問題としないとするが、違法性に主観的要素をも加味して理解しなければならないとする見解においては、行為者の目的意思を問わねばならないとするのである。そして、そこには、主観的違法論と客観的違法論の明白な混同があるが、草野判事によれば、行為者の主観的な目的意思を考慮する立場、すなわち主観的違法論が正当であるとして、本件判決

をもって、わが意を得たものとしてその正当なることを確信する者である、とされているのである。

次に、(二) 瀧川博士は、本判決につき、先ず正当防衛の本質は人間の自衛本能であり、正当防衛は、侵害が急迫であり違法であることは客観的に定められねばならない。このことは、犯罪要件としての違法性は客観的評価に服するということから導かれる。防衛行為者が侵害の違法性を認識すると否とに拘らず、違法は行為者の主観に反映するところと無関係に存在する。防衛行為の実質は眼前の攻撃に直面して咄嗟の間に反撃を加えるということであって、攻撃が違法であるか急迫であるかは、法律に基く客観的判断を待つべき事柄であるとする。本件において被告人は突然A女から胸倉をつかまへられ、憤激してA女を突き飛ばし、岸壁から海中に落して傷害を与えたのである。A女の被告人に対する攻撃が急迫の違法侵害――生命または身体に対する――であったかどうかの問題は客観的に定まる。しかし本件判決に対して、「防衛を為す意思」の意味が急迫の違法侵害についての認識を要するという意味であるとすれば、これは客観的に判断すべき急迫の違法侵害が防衛行為者の主観に反映することを要求するものであって、瀧川博士によれば、正当防衛の本質を誤解したことに帰着すると批判される。ただし、同博士によれば本件判決の結論は正しいが、説明が不十分であるとされているのである。以上が、同博士の本判決の批判的評釈の大要である。

さらに、(三) 安平博士によれば、「防衛する為」という意義に関して学説上見解は二つに分れ、その一は行為者の主観において「防衛の目的」、または「防衛の意思」に出たことを要するものであり、他はかような目的ないし意思はなくとも、そのなされた行為事実を客観的に眺めて、それが結局、権利防衛に役立つ手段であったと認定されるかぎり、法文にいう「為め」にしたとする見解とがある。そして、安平博士によれば、犯人の主観的心理事実

と関係のない客観的事実だけによって、本件のような刑責の分れる正当防衛の存否を論断することは無意義であると考えるので、この点原則として判示の見解に賛成であり、極端な客観的見解を排斥すべきものと考えるとして本件判旨に賛同される。

もっとも、同博士はさらに続けて、本件の如きは、たしかに外見上では一種の正当防衛のように見られるが、その内実は、むしろ「一種の責任阻却の事由」と考えられ、この意味と見地から、被告人には非難すべき責任性は肯定されないものとして、結局その刑法上の責任は否定するのが妥当ではないかとして、本件を「責任阻却事由」としての正当防衛論に問題の焦点を転換させているところに特色がある。

最後に、(四) 牧野博士の見解であるが、前半は草野、瀧川、そして安平博士の見解のそれぞれの総括的な批判がなされており、その中でメッガーの挙げる「認識なき正当防衛」の例も挙示されており、そして結論的に、本件事案については、客観的に緊急行為としての関係が成立していたと仮定すれば、そこでは不正な事実が被告人の行為からは発生していないのである。ただ、被告人の意思には傷害罪の犯意が成立しているだけである。そうして、傷害罪には未遂罪が罰せられていないのであるから本件は傷害未遂であって、無罪とされるべきだとされる。もっとも、同博士によれば防衛意思の必要説に立ち、本件判旨には賛同するが、その故をもって当然傷害罪の既遂の成立を認めるのは不備があるとされているのである。

これらの翌年(昭和一三年)、最も最後に再度(五) 草野判事は、とくに牧野博士の批判に反論を加えた。その前半部分でメッガーの設例、すなわち、猟師が山中でその仇敵を射殺したところ、事後の審査の結果、もしその猟師がその行為に出なければ、却ってその仇敵によって射殺されるところであったということが確定したといった場合

に、かかる場合になおかつ正当防衛が成立するとする見解に反対されたうえ、事例を変えて、仮りにその猟師がその仇敵を野獣と誤認して、狩猟の意思で過って射殺したような場合にも、正当防衛が認められねばならないであろうという批判を挙げられている。草野判事は、しかし果してそれでもよいであろうかとして、これをよく肯定することはできないとされる（もっとも、これは私見によれば、［業務上］過失致死未遂となるだけであって、不可罰となるにすぎない）。したがって、同判事によれば、牧野博士がドイツの純客観説を支持して、防衛者が防衛の意思を欠いたが故に、それを正当防衛に非ずとすれば、法律は、その防衛者がその攻撃者から不正の侵害に服従せねばならぬことを希望しているものとせねばならぬであろうか、と反問されていることにも、承認することができないと再批判されているのである（もっとも、この草野批判も不当であり、牧野博士はすでに見たごとく、純客観説ではないのである）。

次に、後半部分では、草野判事の権利濫用論に対する牧野批判に対する反批判がなされているが、この問題は挑発防衛等の正当防衛権の限界の問題が論ぜられているので、本稿では割愛することにする。

四　補足的考察

以上みてきたように、正当防衛における「防衛意思」が判例で初めて問題となった大審院昭和一一年判決は、草野大審院判事の見解に従って下されたものであり、本判決を巡って大いに「防衛意思」の問題が学説でも論ぜられるにいたったのである。

その後、戦後の最高裁判所判例でも、憤激・逆上しても防衛の意思は否定されないとした判例（最判昭和四六年一一月一六日刑集二五巻八号九九六頁）や、防衛の意思と攻撃の意思が併存している場合でも防衛の意思を肯定する判例

（最判昭和五〇年一一月二八日刑集二九巻一〇号九八三頁）などが出されている。もっとも、これらも、少なくとも「防衛の意思」の存在を前提にしたものである。

以上見てくると、判例は大審院昭和一一年判決当初から、「防衛意思」をアプリオリの前提として要求してきたものといえよう。

そこで本稿の本来の問題対象たる「認識なき正当防衛」についての本格的な議論を以下で論じようと思う。

(19)　草野豹一郎『刑法總則講義　第一分冊』（南郊堂　一九三五年）九九頁。
(20)　草野・前掲書一〇九頁。
(21)　草野「刑法第三十六條と防衛意思」（『法学新報』四七巻四号（昭和一二年）一一六頁以下）同『刑事判例研究　第四巻』（巖松堂書店　一九三九年）二六頁以下所収（なお、以下の諸文献の引用は後者に依る）。
(22)　瀧川幸辰「正当防衛と防衛意志」（『民商法雑誌』五巻四号（昭和一二年）一二三九頁以下）同『瀧川幸辰刑法著作集　第三巻』（世界思想社　一九八一年）一二九〇頁以下所収。
(23)　安平政吉「正当防衛における『防衛意思』」（『日本法学』三巻六号（昭和一二年）六二一頁以下）同『責任主義の刑法理論』（酒井書店　一九六八年）四二一頁以下所収。
(24)　牧野英一「正当防衛と防衛意思」（『法学協会雑誌』五五巻七号（昭和一二年）一四一一頁以下）同『刑法研究　第七』（有斐閣　一九三九年）三七四頁以下所収。
(25)　草野「正当防衛と防衛意思」（『国家試験』一〇巻一二号（昭和一三年））同『刑事判例研究　第五巻』（巖松堂書店　一九四〇年）二四八頁以下所収。

第八節　認識なき正当防衛の問題解決

本稿のテーマである「認識なき正当防衛」の問題解決にあたっては、すでに古く拙著[26]で論じておいた二つの事例を区別するところから出発すべきであろう。

一　行為者が不正の侵害を認識したが、防衛の意思以外で行為した場合

たとえば、Ａが、森林の中で待ち伏せているＢがＣを狙って猟銃を構えているのをみかける。ＡはＢにかねて恨みを含み、他日殺害しようと思っていたが、この機会に自らの恨みをはらそうと考えＢを射殺する。それによってＣは救われる。すなわち、本設例においては、Ａは違法に攻撃しようとするＢに対してＣを救助するために必要な防衛の範囲において、緊急救助を行った場合である。その際、Ａの行為の動機が防衛意思によってではなく、Ｂに対する憎悪と復讐心を満足せんがために、Ｂを射殺するわけである。本設例においては、すでに十分論じておいたようにＡの行為は、正当防衛状況の認識はあるが、その行為動機が憎悪と復讐心によるものであっても、正当防衛（緊急救助）は肯定されなければならない。もし、これを正当防衛ではなく処罰するとなると、まさにＡの心情だけで処罰することになり、きわめて不当なウルトラ心情刑法に堕するものということができ、本設例では処罰に必要な不法を欠くので、正当防衛が成立する事例と考えざるをえない。

二　認識なき正当防衛の場合

これがまさに本稿のテーマであるが、ここでは、メツガーの設例を代表的なものとして挙げておく。すなわち、山中で猟者が、仇敵を射殺する。事後的に、もしその猟者が先んじてその挙に出なかったならば、かえって相手方から射殺されていたであろうことが判明する、といった事例である。

本設例を、わが国では「偶然防衛」と称し、防衛意思の必要説をとりながら、大方の諸家は、ビンディング同様殺人既遂の刑責を認めるのであるが[27]、他方で必要説に立ちながら、中　義勝博士のように結果無価値を欠くが、行為無価値が残存するが故に殺人未遂罪の責めを負わせるという見解もある[28]。もっとも、元々、果たして「防衛の意思」というのは正当防衛の成立のために必要であろうか。防衛意思といった、不明確な故意を超える主観的正当化要素を認めることには、疑念が残るのである。最早、ヴェルツェルに淵源する行為無価値・結果無価値なる対概念に翻弄されてこれを論ずる時代は終ってしまったのではなかろうか。不法の実質は、法益の侵害またはその危殆化である。しかして、「防衛意思」なるものを不要としても、法益侵害の危殆化という意味での未遂の成立を肯定しうるのではなかろうか。すなわち、殺人既遂という結果については、事後的・客観的には正当防衛により否定されるが、その結果発生以前の濃厚な結果発生の危殆化という意味での未遂犯の成立は肯定可能であろう[29]。それ故、果たして「防衛意思」なる存在不明な要素を必要とするのではなく、これを不要としても未遂の成立は可能ではないかと考えるべきであろう。もっとも、不要説をとって、完全な正当化を認めないのは[30]、法益侵害という結果発生以前の濃厚な危殆化が存するがゆえに、これは肯定しえないものと思料される。

(26)　振津『刑事不法論の研究』四七頁以下参照。
(27)　例えば、大谷　實『刑法講義総論　新版第四版』（成文堂　二〇一二年）二八三頁、川端　博『刑法総論講義　第三版』（成文堂　二〇一三年）三七〇頁、立石二六『刑法総論〔第三版〕』（成文堂　二〇〇六年）一四六頁を代表として挙げておく。
(28)　中　義勝『講述犯罪総論』（有斐閣　一九八〇年）一三六頁。もっとも、中博士は具体的危険説の立場から未遂を認められるのである。なお、井田　良『講義刑法学・総論』（有斐閣　二〇〇八年）二六〇頁も同旨。
(29)　その意味で、山中敬一教授のいわれる「危険無価値」が残るという解決も一考に値しよう。山中敬一『刑法総論〔第二版〕』（成文堂　二〇〇八年）四六五頁参照。なお、平野龍一『刑法総論Ⅱ』（有斐閣　一九七五年）二四三頁、西田典之『刑法総論　第二版』（弘文堂　二〇一〇年）一七一頁、山口　厚『刑法総論〔第二版〕』（有斐閣　二〇〇七年）一二四頁、佐伯仁志『刑法総論の考え方・楽しみ方』（有斐閣　二〇一三年）一四〇頁。もっとも、この問題は更なる検討が必要な重要問題であり、筆者も今後の課題として設定している。
(30)　無罪説を採るのは、内藤　謙『刑法講義総論（中）』（有斐閣　一九八六年）三四三頁、中山研一『刑法総論』（成文堂　一九八二年）二八一頁注（2）、浅田和茂『刑法総論〔補正版〕』（成文堂　二〇〇七年）二三〇頁を代表として挙げておく。

第九節　結　語

「認識なき正当防衛」については、故意を超える「防衛意思」なるものは不要であり、ただ、事後的・客観的には正当化されるが、その結果発生以前の濃厚な結果発生の危殆化により未遂が成立するものと考えられる。もっとも、未遂が処罰されるのは、重大な犯罪に限られるので、未遂犯処罰規定がない限り、不処罰になるものと思料される。このことは、過失犯についてもいえることであって、過失犯についても、防衛状況の単なる認識があれば足

り、[31]「防衛意思」は不要であって、過失犯についての「認識なき正当防衛」は、通常過失未遂であり、不可罰な領域に止まるものといえよう。

（31）振津『過失犯における主観的正当化要素の理論』一三三頁。

補　論　認識なき正当防衛小考

第一節　はじめに

先に、私は「認識なき正当防衛について」（『金沢法学』第五六巻第一号、二〇一三年）なる論考を物した。そこでは、認識なき正当防衛（わが国で、いわゆる「偶然防衛」と称されているもの）につき、その歴史的考察・展開について論じた。そしてそこで、認識なき正当防衛につき結論的に、故意を超える「防衛意思」なるものは不要であること、そしてその際、ただ、事後的・客観的には正当化されるが、その結果発生以前の濃厚な結果発生の危殆化により未遂犯の成立を認めるに至った。

しかし、その後、未遂・不能犯についての考察を続行していく中で、この帰結に疑念を抱くに至った。それ故、改めて本小考を公けにすることにした。

そもそも、未遂・不能犯論につき、事前判断を基礎とする「具体的危険説」に疑念があり、事後判断を基礎にした「客観的危険説」が妥当であるという思いにかられ、本小考において再度考察した結果、先の帰結に問題がある

と考えるに至った。

もっとも、故意を超える主観的正当化要素としての「防衛意思」なるものは不要であるという点については当然維持すべきことは勿論であるが、その法的効果としての未遂犯の成立可能性を認めることには問題があるものと考え、ここに本小考を書くに至ったのである。それは、先の論文の注（29）にも書いておいたことであるが、それは防衛意思を不要としても、未遂の成立を認めることにつき「もっとも、この問題は更なる検討が必要な重要問題であり、筆者も今後の課題として設定している。[1]」というものであった。

（1）　振津隆行「認識なき正当防衛について」（『金沢法学』第五六巻第一号　二〇一三年）一八頁注（29）。

第二節　問題解決

では、この問題をいかように解決すべきであろうか。それは、先の論文でも示しておいたことであるが、既に一九〇九年にビンディング説に反論したフォン・バールと帰結を同じくするものである。すなわち、フォン・バールによれば、「違法な攻撃を企てようとする者は、この攻撃のために、正当防衛を度外視して、防衛行為の中に存するであろうところの犯罪の不能な客体であろうということで、不能な客体についての未遂に関する諸原則が考慮され、そして、それにより、私見によれば行為者は不処罰（straffrei）となる[2]」というものであった。

かような発想は、なにも古いドイツの文献においてのみならず、わが国においても存在するのである。それは、

佐伯千仭博士の所説であって、以下のように述べられている。「他人の窓ガラスを破壊するつもりで投石したところ、ガス漏れで中毒死寸前の午睡中の幼児の生命がそれによって救われたとか、傷害の意思で客観的には正当防衛をしたような場合も、行為者の計画が彼の行為に具体的にいかなる危険的意味を与えるのか少なくとも問題である。けだしそれらの場合には問題の窓ガラスも被傷者の身体ももはや法の保護の外にあるはずだからである。私見によれば法規範は笑ってすませうるものはすますべきであって神経質にそれらのものにまで刑罰制裁をもって臨む必要はないのである。(3)」と。

以上の引用文の後段の、「傷害の意思で客観的には正当防衛をしたような場合」とは、まさに「認識なき正当防衛」の事例であって事後判断が導入されているのである。

佐伯博士は、不能犯につき「具体的危険説」を採られながら、一部修正説を唱えられているのである。

筆者は、不能犯論につき、現在「客観的危険説」が妥当と考えるに至っているが、その際、佐伯博士のように一部修正説ではなく、全面的に事後判断を加えるべきだと考えているが、その詳細については今後明確な形で論考化したいと考えているが、現在未だその準備が整っていないので、それについては今後の研究に委ねたいと思料している。

ただ、「認識なき正当防衛」は、事後判断を考慮して、不能な客体に対する不能犯として、不処罰（straffrei）と考えるのが最も妥当な解決であると現在考えているのである。

(2)　振津・前掲注（1）四―五頁。
(3)　佐伯千仭『四訂　刑法講義（総論）』（有斐閣　一九八一年）三一九頁。

第三節　むすび

「認識なき正当防衛」（わが国でいわゆる「偶然防衛」と称されているもの）については、特別な主観的正当化要素としての「防衛意思」は不要であり、その法的効果としては事後的な不能な客体であろうということで、不能犯として不可罰なものと考えるのが最も妥当な帰結であると現在思料している。

第三章　フォイエルバッハの不能犯論

第一節　はじめに

未遂・不能犯論につき、主観説と客観説の対立があったが、わが国では主観説の後退とともに客観説が一般的に通用している。もっとも、客観説内部で、とくに不能犯論につき具体的危険説によるべきか、客観的危険説によるべきかが、いわゆる行為無価値論と結果無価値論との対立から多様な論争がなされてきており、ここでも百家争鳴の観を呈し、問題が蝟集して帰一することがないと云ってよい。例えば、具体的危険説を採る論者にあっても行為時の事前判断によるとするのが主流であるが、一部事後判断を導入する見解もあり、また、特に行為者主観をも考慮するというのも主流であるが、これを排除する見解もある。他方、客観的危険説にあっても、事後判断によるとするのが基礎になっているが、その内部で純粋に客観的判断を貫徹しようとする見解から、一部修正を加え一定程度の抽象化を認めようとするものまで多様な諸見解が提示されている。もっとも、客観的危険説は事後判断と行為者主観の排除という点は確固たる前提として維持されていると思われるが、その判断基底と判断尺度につき何らか

の修正を加えるのが今日客観的危険説の主流になりつつあるように思われる。

そこで、本稿では先ずは「不能犯論」の始祖と考えられるフォイエルバッハの所説を考察・検討していきたいと思う。

第二節　問題の淵源

「不能犯」という概念をそもそも最初に問題にしたのは、パウル・ヨハン・アンゼルム・フォイエルバッハであった。(1) 宗岡嗣郎教授等の言われるごとく、不能犯論は一八〇四年に著わされたフォイエルバッハの『クール＝プファルツ＝バイエルン国刑法典のためのクラインシュロート草案批判』(2)によって、刑法上の問題として登場したのである。(3)

フォイエルバッハの見解については、詳細な宗岡教授の先行業績が存在するので(4)、ある程度の重複は避けられないが、可能なかぎりそれを避けつつ論述していきたい。

さて、「不能犯」が問題となるようになったのは、先にも触れたごとく比較的近時のことである。この点は、野村稔教授の歴史的・比較法的な詳細な先行業績が存在するので、それらについてはそれに委ねたい。同教授のモノグラフィー『未遂犯の研究』二八頁に以下の記述がある。すなわち、「不能犯に関する規定を設けることはカロリナ法典にとっては考えられなかった。なぜなら、その論争自体はフォイエルバッハによって三世紀後になってはじめて現われたのである。(5)」と。

さて、フォイエルバッハは一八〇四年の先の『クラインシュロート刑法草案批判』において、本草案の第一四五二条につき批判を加えた。本条文は姦通罪の規定であって、「だれかが無効なやり方で既婚で、しかしながら彼がその結婚を善意で有効なものと思っているとすれば、彼が他の人と同衾するときには姦通罪で有責ならしめられる」とする規定である。フォイエルバッハによれば、無効な結婚の前提のもとでは、姦通罪は第一四五二条によって可能ではなく、かくして姦通罪は既遂とならない。すなわち、「ある犯罪の未遂は、その犯罪者が犯罪を犯すために外部的な行為を行ったということ、およびこれらの行為からその違反が現実に発生しえたということを必要とする。」とし、かくして、ここでは決して姦通罪の未遂は思考可能ではない。しかし、その信念が忌わしく、彼の意思を通じて、最終的にその婚姻を破ったということ――それ故に、民事的に処罰されるところでは、同じく既遂の姦通罪も未遂の姦通罪も存在しないのである。――まさに、犯罪の道徳的刑罰と倫理的侵害のこの観念は、獣姦罪において最も目立って示される。獣姦は草案によれば、三―四年の重労働をさせる懲役場の刑罰をもって規定されている。男性間の男色は、この刑罰の三分の二でもってのみ科せられている（第一五四一条―一五四三条）。男色は彼が自身で品位を落とし、無気力にすることを通じて、他人の健康を侵害するものである。すなわち、彼は一般的に女たらしであり、他人のおそらくは望ましい若者あるいは年少者の名誉、純潔、倫理性を害するのである。したがって、獣姦は自己のみを軽蔑し、そして民事的配慮の中で、自己恥辱によって自らの気力を浪費するところの者より、より有害ではない、と書かれているのである。(6) すなわち、男性間のホモ行為の方がより害が大きいにもかかわらず、獣姦の方をより重い処罰規定をもって臨むのは、フォイエルバッハによれば納得いかないというのである。

もっとも、この『批判』の中で重要なことは、前述の「ある犯罪の未遂は、その犯罪者が犯罪を犯すために外部的な行為を行ったということ、およびこれらの行為からその違反が現実に発生しえたということを必要とする。」という箇所である。ただ、この部分は姦通罪に関して述べられたものにすぎず、それらの文脈からこれを一般化することはできず、カズイスティッシュなものに止まるが、フォイエルバッハの不能犯論に関する見解の萌芽を見出すことができよう。

（1）野村　稔『未遂犯の研究』（成文堂　一九八四年）二八頁、宗岡嗣郎『客観的未遂論の基本構造』（成文堂　一九九〇年）四九頁。なお、宗岡教授の本書五二頁注（3）では、一八〇六年のティットマンの体系書において「不能犯」が始まるという解釈も可能である旨の記述があるが、ティットマンの当該部分を読んだがそこに不能犯が明確に表現されていないのであって、やはり不能犯はフォイエルバッハをもって嚆矢とすべきであろう。Vgl. D. *Karl August Tittmann*, Handbuch der Strafrechtswissenschaft und deutschen Strafgesetzkunde, Erster Teil, 1806（Nachdruck 1986）, S.266 ff.

（2）*Paul Johan Anselm Feuerbach*, Kritik des Kleinschrodischen Entwurfs zu einen peinlichen Gesetzbuch für die Chur=Pfalz=Bayrischen Staaten, 1804.

（3）宗岡・前掲注（1）四九頁、野村・前掲注（1）二八頁等参照。

（4）宗岡・前掲注（1）四九頁以下。

（5）野村・前掲注（1）二八頁。

（6）*Feuerbach*, Kritik [Anm.2], S.56 ff.

第三節　不能犯論の萌芽

さて、フォイエルバッハが大学教官として教職にあったのは、一七九九年から一八〇五年までのたった六年間にすぎないが、彼はその間に多数の著作を公刊したのである。とくに、彼は一八〇一年に『教科書』の初版を、一八〇三年にはその第二版、一八〇五年にはその第三版を出版したのである。それらの『教科書』の初版、第二版では、未だ可罰的な未遂と不可罰的な未遂との間の根本的な区別はなされていなかった。もっとも、一八世紀の重要な刑法解釈学者であるヨハン＝サムエル・フリードリッヒ・ベーマー（一七〇四年―一七七〇年）が、晩年の一七七〇年に公刊したカロリナ法典の注釈書『カロリナ法典論』《Meditation in Const. Crim. Carolina》では、行為者は毒物と思っているが実は無害な物質を用いるのは、殺人未遂にならないという見解をとっていた（第一三〇条第一節［S. I zu Art. 130][7]）。ところが、フォイエルバッハは、『教科書』の初版[8]と第二版[9]では、このベーマーの見解を奇妙な（sonderbar）見解だと注記していたのである。すなわち、彼は「投毒の犯罪は、（一）その者が有効な毒であるが、しかし効果の無い毒を供与したとき、（二）侵害する意図で犯罪者が、単に想像上の毒を供与したときには、終了したものである。」（傍点原文イタリック）として、ベーマー説を批判し、注記していたのである。これに対し、一八〇五年の第三版では、ベーマー説批判の部分が削除されたが、未だ不能未遂の定義は見出されないのである。[10] この点は、前記の一八〇四年の『クラインシュロート草案批判』の影響が第三版に反映したものとも思われる。

（7）　カロリナの第一三〇条は、以下のように規定していた。

「まず、密かに毒を盛る者どもに対する刑罰につきて

第百三十条　さらに、毒をもって何びとかの身体または生命を損なう者は、それが男なる場合には、予謀をもってする殺人者《メルダー》と同様に、車輪をもって死へと罰せられるべし。されど、女がかかる非行を犯すときは、彼女は溺殺せらるべく、しからずば、状況に応じ、他の仕方にて、生より死へと処刑せらるべし。されど、さらにその他の恐るべきことあるときは、かかる悪しき非行者どもは、最後に死刑に処せらるるに先き立ち、謀殺につきて規定せられているごとくに［＝第百三十七条］、それらの人物および殺害方法の衡量によりて、曳き摺らるるか、または灼熱せる火挾みもて体中に何度かの突き入れが、あるいは多く、あるいは少なく、行なわるべし。」と規定していた（塙　浩訳著『フランス・ドイツ刑事法史　塙　浩著作集　四〔西法法史研究〕』（信山社　一九九二年）一九八―一九九頁。

（8）　*Feuerbach*, Lehrbuch des gemeinen in Deutschland geltenden Peinlichen Rechts, 1801, S.221, Fn.※※).

（9）　*Feuerbach*, Lehrbuch des gemeinen in Deutschland gültigen peinlichen Rechts, 2., verb. Auflage, 1803, S.218, Anm. a. なお、初版は［geltenden］であるが、二版以降［gültigen］にタイトルが変更された。

（10）　*Feuerbach*, Lehrbuch ［Anm.8］, 3. Auflage., 1805, S.46 f. und 218（原典に当たった）。この点につき、vgl. *Georg Schüler*, Der Mangel am Tatbestand.（Strafrechtliche Abhandlungen, Heft 181）, 1914, S.14. なお、*Eberhard Kipper*, Johann Paul Anselm Feuerbach, Sein Leben als Denker, Gesetzgeber und Richter, 2., unveränderte Auflage, 1989, S.48 では、「それに対して、一八〇五年の第三版（S.218）において彼は転回し、そして、今やその可罰性を否定した」とあるが、誤りである。キッパー自身、その著の四五頁注（19）で、シューラーを引用しているからである。したがって、本書の訳書、西村克彦訳『近代刑法学の父　フォイエルバッハ伝』（良書普及会　一九七九年）四一頁も誤りということになる。

第四節　フォイエルバッハの不能犯論

さて、以上のような経過をたどったフォイエルバッハは、一八〇五年に教職を去り、ミュンヘンの正枢密顧問官補に補せられ、バイエルンの刑法草案の実体法部分を完成させたが、その直後の一八〇八年二月九日に出版したその『教科書』の第四版において、可罰的な未遂と、不能未遂との区別に関する定義が出現するに至ったのである。行為への結果の様々な諸関係という表題のもと、第四二節で、「ある一定の違警罪は、重罪の概念に属するすべてのことが行われ、かつすべてのことが有効であったときに、初めて完成する（既遂犯、del. consummatium.）。だが、完全な重罪の惹起へと意図的に向けられた外部的行為は、……（一）既遂が自由な意思の変更からではなく、単に外部的な障碍のために生じないとき、（二）行為それ自体が、その外部的な属性のために（間接的であれ直接的であれ、少なかれ多かれ）意図した犯罪と因果関係にあるとき（im Causalzusammenhang steht）——すなわち、客観的に危険である（objebktiv gefährlich ist）ときには、それ自体ですでに違警罪（Übertretung）であり、そして処罰される。[11](b」（傍点原文イタリック）と書かれているのである。すなわち、これを逆に言えば、結果へと向けられた行為が、因果関係にはなく、客観的に危険でないときには犯罪は成立しない、すなわち不可罰的な不能犯ということになる。このことは、本文注(bで、以下のように述べていることで明らかとなる。すなわち、「民事的可罰性は外部的な法に反する行為なくしては可罰的ではないのだから、ある行為はしかし、それが法を侵害しあるいは危殆化するときにのみ（外部的に）違法である。違法な意図自体はいかなる行為にも違法性のメルクマールを与えるものではない。想

像上の（vermeintlich）の毒を供与（Mittheilung）する犯罪とか、死体への殺人未遂のようなものを語る者は、道徳（Moralische）と法（Rechtliche）を混同し、保安警察（Sicherrungspolizei）の事由を刑罰権と混同するのであって、そして彼の隣人を──呪い殺さんがために、礼拝堂に巡礼するそのようなバイエルン人もまた、可罰的な殺人未遂で有責と認識しなければならないことになろう」[12]（傍点原文イタリック）と注記されているのである。ここに、フォイエルバッハの道徳の問題（Moralität）と法の問題（Legalität）を峻別したカンティアナーとしての一面と同時に、とりわけ不能犯の問題が淵源するのであり、まさにフォイエルバッハが不能犯論の始祖であるゆえんもここにあるのである。

そして、この見解は、フォイエルバッハが彼の死によって（一八三三年死去）、彼自身の手による『教科書』の一一版（一八三二年）まで変わることなく維持され続けたのである[13]。

かようにして、フォイエルバッハにより不能犯の問題性が初めて明確に呈示されるに至ったのである。

（11）*Feuerbach*, Lehrbuch [Anm.8], 4. Auflage, 1808, §42 (S.42 f.).

（12）*Feuerbach*, Lehrbuch [Anm.8], 4. Auflage, S.43 f. Fn.b).

（13）*Feuerbach*, Lehrbuch [Anm.8], 11. verbesserte Ausgabe, 1832, S.35 f. und 36 Fn.c). Noch vgl. Schüller, Tatbestand [Anm.10], S.15 und Fn.27. ちなみに、ミッターマイヤーによれば、一八〇八年のフォイエルバッハの刑法草案の未遂に関する第六〇条（不可罰の不能犯）は、以下のような条文であったようである。すなわち、「外部的行為がそれによって目指された犯罪と全く関連がなく、そこでそれが自然の経過によれば、まったくそこから生じえないときには、未遂としては罰しない。」（„Der Versuch ist von Strafe frei, wenn die äußere Handlung mit dem dadurch beabsichtigten Verbrechen in gar keinem Zusammenhange stant, sodaß es nach dem Laufe der Natur schechterdings nicht daaus entstehen konnte.“）と規定していたようである（*Carl Josef Anton Mittermaier*, Der Versuch von Verbrechen, bei denen es an dem erforderlichen Gegenstande des Verbrechens

mangelt, und der Versuch mit untauglichen Mitteln, geprüft, in GS, Bd.11, 1859, S.406)。なお、フォイエルバッハの一八二四年の未遂犯に関する諸規定については、ゲルノート・シューベルト著山中敬一訳『一八二四年バイエルン王国刑法典フォイエルバッハ草案』（関西大学出版部　一九八〇年）一五四―一六二頁等参照。

第五節　むすび

以上のような経緯をたどって、フォイエルバッハにより初めて不能犯の問題が明確に定義・呈示されたのであり、その功績は極めて重要なものといえよう。これ以降、未遂・不能犯の問題性が客観説・主観説に分れて極めて活発な議論の展開をみるに至るのである。

第四章　ミッターマイヤーの不能犯論

第一節　はじめに

フォイエルバッハに続いて、彼と密接な関係にあるミッターマイヤーの不能犯論につき考察・検討しておこう。[1]

さて、カール・ヨーゼフ・アントン・ミッターマイヤー（Carl Josepf Anton Mittermaier, 一七八七年―一八六七年）については、その経歴・業績等につき様々のことが語られてきた。[2] フォイエルバッハとの関係については、以下のラートブルフの記述が簡潔に活写されているように思われる。すなわち、「一八〇九年以来、ランズフートは二人の若い法学の私講師ウンテルホルツネル（Unterholzner）とミッテルマイエルを擁していた。サヴィニーはその一人をみのり豊かな徹底性、もう一人を多面的な受容性と特徴づけた。しかし、サヴィニーが一八一三年一一月一九日附のハイゼあての手紙のなかで『ミッテルマイエルはものにならないかもしれない』と予言しているのは、ひどい間違いであった。ミッテルマイエルは大学教育終了後、ミュンヘンで実務についていたが、一八〇七年から八年にかけて冬にフォイエルバハに招聘されて、彼の近代諸語への深い造詣をもってフランスおよびイタリアの法律の抜

枠を作って刑法草案の準備を助けたのであった。結局は、ボンとハイデルベルク大学の講壇にのぼり、当時のドイツの全法律家のなかでも国際的にもっとも有名になったひとであったが、こうして彼の生涯の発端をフォイエルバハに負うたのであり、そのあとも彼と生涯親交を結んだ。これこそ根本的に異質な人間の結びつきであり、まさに火と水との結びつきであった。フォイエルバハの死後、ミッテルマイエルはフォイエルバハの刑法教科書の改訂版をだした。この改訂版には沢山の材料が注意深く集められ広範囲にわたる注のためにフォイエルバハの原文の簡潔な形式美が葬られ、窒息させられている。このことは二人の人柄の相異をあざやかにえがきだすものである。この相異は、後年イェーリングとコーレルとの相異と同じで、一方は簡単な文体、他方は広くはあるが、しばしば制御のしようもない素材のゆたかさとの相異である。イェーリングとコーレルとの対立が忌まわしい憎悪にまで悪化したのにたいし、フォイエルバハとミッテルマイエルは、このような対立にもかかわらず、彼らの仕事の提携が長続きしたことを彼らはともに名誉としていた[3]」と表現されている。

（1）　フォイエルバッハとミッターマイヤーとは、同時代人である。フォイエルバッハは一七七五年に生れた。ミッターマイヤーは、たった一二年後の一七八七年に生まれたのであり、フォイエルバッハは一八三三年に死に、ミッターマイヤーは一八六七年に死んだ。両者の友好な関係は一八〇七年に始まり、三〇年間に及んだ。

（2）　私が散見したかぎりでも、以下のような文献がある。Allgemeine Deutsche Biograhie, Bd.22, 1885 (Neudruck 1970), S.25 ff.; *L. Stegmeier*, Die Bedeutung Karl Joseph Anton Mittermaiers für die Entwicklung des reformierten Strafprozesses, 1948 : *K. v. Lilienthal* und *Wolfgang Mittermaier*, Karl Joseph Anton Mittermaier als Gelehrter und Politiker,1922 : 瀧川幸辰編『刑事法学辞典（増補版）』（有斐閣　一九六六年）八二八頁：川崎英明「ミッターマイヤーの刑事司法論（一）（二・完）」（法学雑誌第二五巻

第二号 一九七八年 一七九頁以下、同第二五巻第三・四号 一九七九年 四一六頁以下）：*E. Schmidt*, Einführung in Geschichte der deutschen Strafrechtspflege, 3. Aufl., 1965, S.285 ff.：クラインハイヤー＝シュレーダー編小林孝輔監訳『ドイツ法学者事典』（学陽書房 一九八三年）一八七頁以下等枚挙にいとまがないが、最も詳細なものとしてはミッターマイヤー生誕二〇〇年記念としてハイデルベルクで行なわれたシンポジュームをまとめた、*Wilfried Küper* (Hrsg.), Carl Joseph Anton Mittermaier. Symposium 1987 in Heidelberg. Vorträge und Materialien, 1988 が最も詳細なものと思われる。

（3） ラートブルフ著菊池榮一・宮澤浩一訳『一法律家の生涯――P・J・アンゼルム・フォイエルバハ伝』（東京大学出版会 一九六三年）一四二頁以下。

第二節 前期の見解

さて、ミッターマイヤーは共同創刊した《Neues Archiv des Crimalrechts》誌上に多数の諸論文を公表したが[4]、その一八一八年第I巻第二号に「犯罪未遂の理論への寄与」[5]なる論考で彼の未遂論が出発したのである。本稿では、未遂のメルクマールとして、第一に目的が存在すること、第二に行為が存在すること、第三に結果の不発生の三つであるということから出発し[6]、第三節の未遂の処罰根拠につき、「（一）未遂の処罰根拠は現実に行われた不法の存在の中にのみ、すなわち現存の法規違反の中に存するということ、（二）未遂は一定の犯罪行為をなすべからずという法律の禁止は、この行為の単なる企行をも含むものであるということでのみ処罰される。（三）しかし、処罰は行為がそれがそうであらねばならず、かくしてもってそれが一定の犯罪を禁止する法規の意味において、法律違反的なものと名づけられるような属性をもつかぎりでのみ生じうるということ[7]」だとする。そしてその

客観的処罰条件として、例えば対象として子供、しかも生きている子供が嬰児殺に属し、堕胎には対象としての胎児、かくして堕胎手段を講ずるところのその人の妊娠が属し、近親姦には近親者が属し、姦通では姦通へと駆り立てる者が、その者と結婚していない他人が属するのであって、かような客観的な対象の存在によって処罰は条件づけられるとする。[8] また手段については、「殺人には凶器、すなわち殺人を招来しうるような性質をもつ手段が属する、毒殺には毒が属し、堕胎には堕胎手段が属する」とし、かような手段がなければ未遂にもならない。未遂犯にあっては、その本質上その犯罪行為は既遂犯におけると同一のものであらねばならないから、「それが可罰的たるべきときには、因果関係に立つ犯罪的手段（das im Causalzusammenhange stehende verbrechrische Mittel）が未遂に属するのである」[9]と。そして続いて五．犯罪未遂の構成要件（Thatbestand）では、主観説の主張内容を批判し、その主張は刑法とモラルとの混同をもたらすものだとして徹底的に批判しているのである。[10]

次いで第六節可罰未遂の概念と拡張のもとで、ミッターマイヤーは以下のように述べている。すなわち、「今まで挙げられたメルクマールによれば、犯罪の可罰未遂はそれにあってはしかし犯罪がその法律上の概念によれば完全には終了していないところの犯罪の実行のための手段として、外部的に法規違反の、故意をもって行われた行為と挙げられうるであろう」[11]（傍点原文隔字体）とされているのである。その直後から共犯の問題が論ぜられているが、これは割愛する。

さらに第七節では、可罰的未遂の諸事例として、（I）総説では、外観上の未遂行為の不処罰性は（一）未遂一般に属するところの（§二）、（二）可罰未遂を根拠づけるところのそのメルクマールが存在しない（§四）や否や、生ずるものである、とする。そして第八節の（二）悪しき意図が欠如するときでは、過失の未遂は存在しない

ということ、そしてその意図はなるほど許されずかつ非道徳的ではあるが犯罪的ではない場合として、二つの例が挙げられているが一例のみを紹介すると、主人に惚れこんだ、はした女がその夫と妻に夫婦の間の不和を引き起こし、そしてその男を自分に惚れこますために一定の（それ自体無害の）物質を食事の中に混入するといった事例では、可罰的な未遂は問題とはならない。けだしここでは何らの犯罪的意図はないからであるとする。[12]

第九節は、（三）未遂をなす者が、全く非合理的な手段を選択したときというタイトルのもとで、「手段の不能」が問題とされている。[13]

そこでは、例えば他人を殺害するための読経とか、毒薬のかわりに砂糖を盛るようなケースが挙げられ、そこではなるほど行為者の意図によれば未遂が存在するが処罰条件が欠如しているので、かような未遂を処罰されない（straflos）未遂と名づけるのである。すなわち、例えば毒殺のためには毒が、堕胎のためには堕胎薬が必要であって、これらは刑罰適用の条件である。だれかが、その仇敵を毒殺しようとして毒のかわりに砂糖を用いた場合は、毒殺犯罪の構成要件は欠如する。なぜなら毒殺犯罪のためには、本当の毒が属し砂糖は属さないからである。また、砂糖を投与するだけの者は、砂糖＝投与の中に何らの不法も無いのであって、ただ毒を投与しようとする意欲（Gift=Geben=Wollen）があるだけにすぎず、意図のみでは処罰されないのである。また、強姦と意思に反するわいせつ行為とは区別されているが、前者については暴行が後者については少女が自ら防衛しえない状態の単なる利用を法律が要求しているとすれば、これらが欠如すれば未遂もないことになる。さらに、例えば危険な窃盗には忍び込むことが、武装窃盗には武器の使用が属性であるとすれば、危険でなくまた武装していない窃盗の場合には刑罰を適用しうるものではないのである。以上のように毒のかわりに砂糖を投与して殺害しようとしたり、またＡがその

隣人の家を焼燬しようとして祈禱やまじないをする場合とか、Bが美しい隣人（女）を肉体的に凌辱しようとして、そのためにあわれむべき手段を使用し、Cが彼の仇敵を祈り殺そうとする場合には、Aは放火しようとした、Bは強姦しようとした、Cは殺害しようとしたといえるであろうか。以上のような場合に、これらを処罰しようとするならば単に自白にのみ刑罰を依らしめるものであって、確固たる証拠理論に違反するか、もしくは不処罰に至ることを容認しなければならない。手段の属性は重要であって、例えば妊婦に対して彼女を犯罪から思い止まらせようとした医者が（単に砂糖だけが含まれている）スプーン二杯の粉末を堕胎薬だと云って飲ませて、信頼して服用した妊婦が健康な子供を分娩したといったその妊娠した娘とか、空のさやだけをもって家屋に侵入する者を持凶器窃盗のかどで、さらに軽蔑から官吏の前で帽子を脱がない者を公務員の名誉毀損のかどで、あるいは裁判官に金の代りに砂をつめた袋を与える者を贈賄等に問うことはまさに不可能であって、処罰可能ではないのである。

一般に手段の合目的性を顧慮しない見解は「警察的観点」と「刑法上の観点」とを混同しているのである。そこでは様々の諸事例が挙げられているが、総括的にはミッターマイヤーによれば「そこから全く何も、いかなる事情のもとでも企図的な犯罪が生じえないところのかの行為のみが処罰されず、そしてそれ故なるほど合目的でない不処罰の行為から、それ自体合目的であるが、具体的に結果を招来しなかったところの不十分な行為とを区別しなければならない。この後者の行為は常に可罰的である。というのも、それにあっては法律によって不法なものとして明らかにされた行為がそこにあったが、しかし犯罪の既遂を阻止した諸事情が加わったからである」[14]（傍点原文隔字体）とされ、ここにミッターマイヤーの絶対不能および相対不能区別説が見出されるのである。

第一〇節は、（四）侵害の特定の対象が存在しないときとのタイトルのもとで「客体の不能」が問題とされてい

るのである。本節は以下のように書かれている。「第九節において挙げられた事例と類似のやり方で、それについて犯罪がその法律上の概念によれば、行われるべき対象が意図した犯罪の構成要件（Thatbestand）に必要な属性をもって存在しないときには、不可罰な未遂が生ずるのである。かくして、例えばだれかが彼の仇敵を殺害しようとするが、そしてこの者が既に以前、殺人者がそれを知ることなしに死んでいたとき、だれかが盗もうとし、そして偶然によって彼自らの物を取ったとき、他人の婦人と同衾するものと信じた夫が、彼自らの妻と交接するとき。これら三つの諸事例において、殺人、窃盗、姦通の可罰的な未遂は何ら存しない。その主張の真実性は、人が以下のことを考慮するときに明らかとなる。（一）刑法の全体系によれば、すべての犯罪はそれが脅威しそして侵害する権利（Recht）に従って区別され、段階づけられており、そこで殺人の犯罪は生命に対する権利の侵害として、窃盗は他人の財産権の侵害等として現われるのである。それ故に殺人の犯罪で有責たるべき者は、それに対して彼の犯罪が向けられている対象をもたねばならない。すなわち、この対象は、犯罪によって侵害されるべき権利をもなおもたねばならない。というのも人は侵害の対象としてなお存在し、そして侵害されうるところのもののみを侵害しうるからである。さて、死体に対して突き刺す者は彼の行為にあってはもはや何らの対象をもたず、彼は決して以下のように述べえないからである。すなわち、彼は殺害しようと試みた、そしてAが既に死んでいたということで生命に対する権利を脅威するものではない。というのも死体は何らのものももたず、そして人は以下のように述べえないからである。すなわち彼は殺害しようと試みた、そしてAが既に死んでいたということで生命に対するAの権利を危険ならしめた、と。人は非人に名誉毀損をほとんど犯しえないように、自らの妻と交接する者は姦通の未遂をほとんど犯すものではない。それ故に人は犯罪の段階づけに際して、権利の侵害を全く考慮に入れてはならな

いのか、もしくは存在しない権利に対して向けられているところの未遂の不処罰を承認しなければならない。（二）ここでもまた、国家は現実に行われた外部的に認識可能な不法のみを処罰するという命題が妥当し、その存在はなるほど死体を突き刺す人間にあっては主張されうるものではなく、特に（三）その意図だけが処罰されうるものではないということを忘れないときはそうである。死体を突き刺す場合、自己の物を盗むといった場合の行為は、法的に全くどうでもよいことである。……（中略）……（四）然るときには人は構成要件の全理論をくつがえすことになるということを忘却している。一切の犯罪の構成要件のために、法律は固有のメルクマールおよび一定の対象を要求しており、例えば窃盗のためには他人の物、殺人のためには生きている人間を要求している。しかし、人もし既に死んだ者を殺害しようとし、もしくは自己の物を取ろうとする者をも最近接未遂（nächster Versuch）のかどで処罰しようとするならば、人はそれによって二重の構成要件を要求することになり、そして以下のように言わなければならない。殺人の構成要件には生きている人間が属し、殺人未遂の構成要件には生命なき形象も属し、そして人は、姦通の構成要件に自己の妻をも算入しなければならない。（五）人がその不処罰を否定しようと欲するならば、その帰結から極めて嗤うべき主張へと至らねばならないであろう。然るときには、彼が妊娠していると考えたが、それはそうではなかった娘に堕胎薬を与えた者を、堕胎未遂の責に問うことになろう。人は単に人造の木製義手である他人の腕を刺す者を傷害のかどで処罰しなければならないであろう。既に船乗りである者を、行為者がそのことを知らずに船乗りとして売り飛ばそうとする者を、人さらいのかどで処罰しなければならないだろう。自らの近親者と同衾しようとして、暗闇で家畜小屋の下女と通ずる者を近親相姦の未遂として処罰しなければならないだろう。……（中略）……ある婦人と結婚し、そして彼の妻が生きていようと信ずるAでは、重婚の未遂を承認

しなければならないであろう。他方で結局のところ最初の妻が、彼が第二の妻と結婚するより以前に既に死亡していても。官吏だと見せかけようとしただけの人間に対して抵抗したときには、Bを官吏に対する反抗のかどで処罰しなければならないであろう。……（中略）……しかし、人が自白だけで構成しようとするならば、（八）自白による構成要件の証明の諸原則となお矛盾するということが示される。たいていの立法によれば単なる自白によって構成要件が証明されうるものではないということが主張されねばならない一方で、人は例えばだれかが既に死亡している者を殺そうとする等の事例において、ここではその不法は単に意図の中にのみ存するのであるから、自白のみを証明手段として承認しなければならず、そしてこのことは犯罪者が自白しようとしないときには証明されるべきものではない。論者によって主張されている上で挙げられた未遂の可罰性は、ここでもまた犯罪上の観点と警察上の観点との混同のみから生じているのであり、人は犯罪者の危険性を認識し、そして恐怖から処罰することになるのである。

結局、人がこれらの諸事例においてなしてきた一定の区別はまた是認されうるものではないと考えられ、警察活動もそれにはなるほど大いにかなわないところの無条件の不処罰の主張のみが、刑事司法（Strafgerechtigkeit）の性格に相即するものである。」[15]（傍点原文隔字体）と、ミッターマイヤーは述べているのである。

以上の引用から明らかなように、ミッターマイヤーは「客体の不能」（「主体の不能」も含めて）は全て不可罰の不能犯になるということを雄弁に述べているのである。

なお、最後の第一一節は「任意的な不作為の事例において[16]」というタイトルのもとで、中止未遂の問題が取り扱われているが、本稿の目的から外れるのでこの部分は割愛することにする。

すなわち、一八一六年の本稿では、ミッターマイヤーはフォイエルバッハの見解をかなり忠実に敷衍した客観的危険説が展開されているのである。そのかぎりで、宗岡教授とともに、「かかるミッテルマイヤーの認識は、理念的には、ベッカリーア―ホンメル―フォイエルバッハと継承されてきた自由主義的刑法原理としての『行為主義』の再認識であり、フォイエルバッハの客観的未遂論の理念を基本的に継承しようとしたもの[17]」と総括してもよいであろう。

（4） Vgl. Allgemeine Deutsche Biograhie [Anm.2], S.31.
（5） *C. J. A. Mittermaier*, Beiträge zur Lehre vom Versuche der Verbrechen, in Neues Archiv des Criminalrechts, Bd.1, 2. Heft, 1816, S.163 ff.
（6） *Mittermaier*, Beiträge [Anm.5], S.163 ff.
（7） *Mittermaier*, Beiträge [Anm.5], S.170.
（8） *Mittermaier*, Beiträge [Anm.5], S.171.
（9） *Mittermaier*, Beiträge [Anm.5], S.172.
（10） *Mittermaier*, Beiträge [Anm.5], S.173 ff.
（11） *Mittermaier*, Beiträge [Anm.5], S.176 f.
（12） *Mittermaier*, Beiträge [Anm.5], S.183.
（13） *Mittermaier*, Beiträge [Anm.5], S.183 ff.
（14） *Mittermaier*, Beiträge [Anm.5], S.194.
（15） *Mittermaier*, Beiträge [Anm.5], S.194–199.
（16） *Mittermaier*, Beiträge [Anm.5], S.199–202.
（17） 宗岡嗣郎『客観的未遂論の基本構造』（成文堂　一九九〇年）七五頁。

第三節　主観説への一時的転向

以上第二節で見たように、ミッターマイヤーはフォイエルバッハ説のかなり忠実な継承を示していたが、そのたった四年後の一八二〇年の論考「ドイツにおける刑法学の最近の状況について[18]」の中で、「一八〇〇年からの刑法の文献を考察するならば、圧倒的な数の諸文献は刑法の原則の探究に限定されており、そして個々の理論に関係する学問上の労作においてすら、われわれはほとんど哲学的な論述のみを見出すのである[19]」としたうえで、かような傾向を批判しつつ「この哲学は、その他のすべてのイデーから法的イデーを峻別すること、すなわち法と道徳との絶対的対置から出発し、法学の最高の独立性を確保するという誘惑的な約束のもとでエルステッド（Oersted）が正当にも注目したように、法の任務はその内容ならびにそれが還元される根拠、およびその手助けをもって解決されねばならないような手段を顧慮して、すべての宗教的および道徳的な表象および動機に依存せしめないようにすることであった。法律および刑罰の強制、外部的な怖れがその効果のうえで人が刑法を構築するところの動輪であった。すべての道徳的および宗教的なイデーからの露出およびむき出しにするというこの時期において、帰責の領域から自由を追放するという試みが発芽したのである[20]。」とし、その時代はその当時の法律規定において作用した古い時代の多くの表象にとって意味を全く失わせたとしつつ、他面で一八一六年の「寄与」論文に反し、未遂論につき主観説を主張したのである。「――未遂の理論は多様な取り扱いを保持してきた。本稿の筆者も多くの寄稿をそのために提供し、そして実に未遂の概念およびその可罰性の根拠について、未遂行為の可罰性の出発点につい

て提供してきた。悪しき意思をもって行為を遂行したにもかかわらず、全く企図した犯罪と因果関係に立たないであろう者は処罰されないという著者によって提立された見解は、ザルヒョウ（Salcho）ならびにエルステッドによって克服せられ、そして著者自身自ら法学者を非難した誤りは、それを誤った方向、すなわち一般化の誤りを呈示したということで今や喜んで告白する。[21]」として、主観説に転向したのである。そして彼が提立していた一般化は、ローマ法が提立し、部分的にはオーストリアの法典が、そしてよりよくフランス法が未遂を考察している意味で考察するなら、ミッターマイヤーが以前提立した一般性は不当であるとして、大略以下のように述べるのである。すなわち「犯罪の未遂は、つまり悪しき故意が外部的な行為によって、および犯罪それ自体の実行の開始の中で明るみに出、そして結果が偶然の行為者の意思に依存しない諸事情によってのみ挫折せられるときには刑罰のもとにあるという命題を提立するならば、行為者の企行が企図にかかるものの実行の開始を含んでおり、そして犯罪それ自体の形態を担っているや否や、犯罪者がその行為の際に使用した手段を顧慮することなく刑法のもとに包摂されうるであろうことについては、何らの疑念も存しないのである。毒を与えようと欲して、偶然手にした砂糖を毒だと思い彼の仇敵の食事の中に混入しはじめる者は可罰的な未遂を犯したのである」とする。そして彼は、あわれむべき手段で無害化されたり、祈り殺そうとした者を不能犯として不処罰にしたのは著者の誤りであったと明言するに至ったのである。[22]

すなわち、ここでミッターマイヤーは砂糖を毒だと思って毒殺しようとした場合や、仇敵を祈り殺そうとした場合等に可罰的な殺人未遂を肯定したのである。

ここでは、後に見るように、一時的とはいえフォイエルバッハ説に離反し客観的危険説を否定して、主観説に傾

斜したのである。この期のミッターマイヤーは、一八一九年に新設のボン大学の招聘に応じ、その短い滞在期間中の論考の一つであったが（一八二一年にはハイデルブルク大学に移った）、おそらくは、ボン大学におけるプロイセン王の個人的な激しい思想統制のために客観説を意に反して捨て、主観説を主張すべく強いられたものと思われる。(23)

(18) *Mittermaier*, Ueber den neuesten Zustand der Criminalrechtswissenschaft in Deutschland, in Neues Archiv des Criminalrechts, Bd.4. 1. Heft, 1820, S.76 ff.
(19) *Mittermaier*, Zustand [Anm.18], S.77.
(20) *Mittermaier*, Zustand [Anm.18], S.80.
(21) *Mittermaier*, Zustand [Anm.18], S.103 f.
(22) *Mittermaier*, Zustand [Anm.18], S.105.
(23) ミッターマイヤーのこの主観説への転向については、以下のような記述が参考となろう。すなわち、ミッターマイヤーは一八一二年に彼の友人で同僚の有名な外科医であるヴァルターの妹と結婚した――もっとも、戦争の数年はたとえ大学が彼を三度引き続いて学長に選んだということによって、その若い同僚を尊重したとしても十分重荷がもたらされたのである。そこに彼の義兄であるヴァルターが既に先に赴任していた新設のボン大学招聘にミッターマイヤーは一八一九年に応じた。刑法、ドイツ私法及び訴訟法に関して彼は既に当時最も顕名な論客であり、教師のひとりと評価されていたのである。しかしボンにおける彼の短い滞在は、そこに集まった顕名な学者グループとの親密な関係にもかかわらずあまり喜ばしいものではなかった。彼は臨時に大学行政者の職を執行しなければならず、そしてまさにこの期間に大きなデマゴギー狩りにあたり、それはプロイセンにおけるほどにどこでもそんなに激しくなされたところはなく、そして王の個人的なボンの教授グループに対する敵意によって、そこでは特にひどいものとなった。このような諸状況のもとで、ミッターマイヤーは一八二一年ハイデルベルク大学への招聘を非常に喜んで受け入れ、そこで彼はそれ以来彼の死に至るまで活動を中断することなく止まったのである（Allgemeine Biographie, Bd.22 [Anm.2],

S.26)。すなわち、ボン大学時代に書かれた主観説を主張したこの期の本論文は以上のようなプロイセン王の思想統制下の産物そのものであり、ミッターマイヤーの本心から出たものと解するには疑念が残るのである。

第四節　後期の見解

しかしながら、ミッターマイヤーは以上の一時的なフォイエルバッハ説の離反にもかかわらず、後に再び初期の見解、すなわちフォイエルバッハ説への回帰を示す重要な論考を、一八五九年に公表したのである。本稿は「犯罪の必要な対象を欠く犯罪の未遂と不能な手段をもってする未遂が検討される」[24]という長い表題をもつ論考である。

本稿では法史学観点および比較法的観点からこの問題を論じ、殊に一八〇八年のバイエルンのフォイエルバッハ草案はその第六〇条で不能犯規定を提案していたが（ミッターマイヤーはフォイエルバッハの助手をつとめていた）、一八一三年のバイエルン刑法典はこれを採用しなかった（一八一三年バイエルン刑法典第五七条参照）[25]。それは、委員会における草案の審議に際し、若干の委員がそのような規定の濫用を倶れたためであった。そして、ミッターマイヤーはこれを批判しているのである[26]。すなわち、刑法においては悪しき意思の表示、そして危険性のみが問題であるということを承認するかぎりで予防論、防衛論および威嚇論が法律家によって弁護され、そして既に一切の予備行為が可罰未遂を根拠づけるであろうという見解を信奉するかぎりで、不能な手段をもってする未遂の可罰性に関する判断において、何らの明確性にも至りえないと批判しているのである。このことは、例えばヴュルテンベルク、ハノーファー、ヘッセン、ザクセンの刑法典の立法審査においてもバイエルン刑法典の未遂に関する誤った見解の影

響が妥当し、他方で漸次的であるが未遂論がより良き学問的見解の対象となり、とりわけ未遂は「実行の開始」を含むときに始めて可罰的となるという見解がますます勝利を得たとしているのである。そしてミッターマイヤー自身もバーデン刑法典の草案審議に際し、「全く不能な手段の使用の不処罰」を要求する提案を行ったのである。[27] そして立法は別として、判例実務は客体の欠欲の場合と全く同じく全く不能な手段の使用にあっても、絶対的及び相対的な不能な手段の区別に至り、そしてそれ故不十分な手段をもってする未遂は不処罰であろうという原則に至っているようにみえるが、法典ではそのような規定を作成すべきではないという見解が今や支配的であるとする。そしてベルギー、オランダの状況が紹介されその状況はドイツと変わらないとしている。フランスではこの問題に関する何らの規定もないが、学説・判例では不能な手段ならびに客体に対してなされた未遂は不処罰とする点で一致しており、現に一八四八年一二月八日のアーゲン（Agen）裁判所は、彼によって装填されたが、彼の知らないうちに他の者によって弾丸が抜きとられた猟銃で、殺害しようとした事例につき刑を言渡したが、この判決は一般的にフランスで非難されたのである。これに対して、モンペリエ裁判所は、行為者が被害者Aがその室の中にいるものと信じて発砲したが、Aが不在であったというAへの射撃が問題となった事例につき可罰未遂を否定したのである。フランスの学説は、不能な手段をもってするもしくは必要なメルクマールをもたなかった客体に対して行われた未遂は不可罰であるとする見解で一致している。だが、その原則の適用につき「絶対的に不能な手段」が用いられたときには不処罰とするが、「相対的に偶然的な無効性」にはそうではないのである。もっとも、後者の事例がどのような場合なのかは再び分裂しているのである、とする。その後、イギリス、イタリアの状況等が紹介されているのである。

本稿では様々な諸国およびその当時の判例等が長々と挙げられており、そしてここで重要なのは、プロイセンの判例が絶対的に不能ではなく、相対的に不適切なものであった場合には可罰的だとし、盗人が盗もうとした対象だけが存しなかったといった場合に可罰性を承認したことであり[28]、しかし学説では「不能な手段をもってする及び欠如する客観的諸前提において、その未遂の不処罰を承認する者が増大して」いるのである。この問題は、「明敏にも、ヘルシュナー、オットー、クルーク、バールによって議論されている」のであり、彼らが一切の不能な手段をもってする、あるいは欠如する客体において行われた未遂を原則的に可罰的としようとするようなやり方で一般化しようとしていないということは明らかである[29]。

また、「立法者が刑罰を引き出すはずである行為を詳細に規定しようとすれば、彼はまたそれが可罰的であるときに行為それ自体が担わねばならない一定のメルクマールを表示するのである。彼は窃盗のために、行為者が他人の物を利欲的に自己のものにするということを必要とする。彼は、毒殺を毒が与えられるということを表示する。彼は胎児の堕胎犯罪を、妊婦において早期の分娩もしくは胎児の死を惹き起こしうる手段が適用されるということによって特色づけるのである。立法者がこれらの犯罪の未遂もまた処罰されるべきであると述べるや否や、一切の思慮ある人間がそれにおいて刑法がそれに関わるところの行為が法律によって要求されているメルクマールをもって始められたような諸事例にのみ関係づけようと欲するものであることを前提としなければならない。それ故に堕胎がその者に試みられた人間は妊婦であったということ、および使用された手段が適切なものであったということが胎児の堕胎に属するのである。もし法律上のメルクマールそれ自体を担っていない一切の未遂をも、行為者が犯罪を行おうとする意思をもっていたということだけで処罰することを、立法者が裁判官をして可能ならしめようと

欲するであろうということを承認しようとするならば、法律の正しい解釈のすべての原則と矛盾し、そして恐ろしい裁判官の恣意の体系を設定することにもなろう。[30]」とするのである。

立法者が更に前進し、「法律上犯罪の可罰性のために必要なメルクマールなしに、すなわち本質的な犯罪の存在のために必要な対象なしに行われた行為を未遂として可罰的たるべきであると明言するならば、彼は犯罪未遂の本質を破壊するのである。けだしだれかが一定の犯罪を犯そうとする目的をもって、法律上一定のメルクマールで表示された行為を開始するということが未遂の本質に属するからである。それ故未遂は既遂から、前者にあっては行為は法律がこれを既遂の承認のために要求しているほどに広く及ぶものではないということによってのみ、既遂から区別されるのである。ある法律家が、例えばだれかが生命のない像を射つが、他方彼はそれが仇敵であると信じているようなときとか、あるいは彼はそうではない妊娠していない人に堕胎薬と考えるものを使用するときのように、なるほど犯罪的意図をもっているが全く許された行為に可罰未遂を考えようとするならば、彼はそれによって一般的な言語の慣用を侵害し、そこから例えば彼が自然法則の進行における干渉に対して胎児を保護しようとすることで、立法者が一定の行為を犯罪として明言している原則と彼の見解とは矛盾するのである。[31]」と。

また「不能な手段をもって行われた、あるいは法律上の前提がそれに欠けている対象に行われた行為を犯罪の未遂として処罰しようと欲したような法律は、賢明な刑事立法が基づかねばならない原則から全く離れた立法を作り出すことになるであろう。一方で賢明な立法者は、国家生活もしくは市民の共同生活もしくは一定の利益、制度もしくは権利といった一定の重要な基礎を刑罰の制裁によって保護するために刑罰権力を使用し、そして攻撃の一定の種類を含んだ一定のメルクマールをもって法律上表示された行為が行われるときにのみ、刑罰を生じさせるので

ある。全く不能な手段の適用において、および対象の欠缺においても可罰未遂を承認するような立法者は、犯罪を行おうとする何かある種の外部的な意思のみに基づいて処罰し、そして行為の属性を何ら顧慮することなく、これに基づけばそれがまたどうでもよい、また全く許された行為でも刑を言渡すかどうかは、責任ありとされる者が犯罪を犯そうとする意思を表明したということで、それに依拠する裁判官の恣意にのみ支配させる刑事立法を導入するものである。[32]」と。

さらに「一切の犯罪は先ず公けの利益および法秩序の侵害として処罰されるということを、だれも否認しえない。また同じく、たいていの犯罪は例えば殺人、窃盗、強姦のように犯罪によって侵害される個々人の一定の権利に向けられているということもほとんど誤認されうるものではない。例えば、殺されるはずの者が既に死亡していたとか、使用された手段がそれによって企図された侵害が決して起こりえないであろうようなものであるということで、それに対して行為が向けられている権利が個別事例で存在しないところでは権利侵害の発生の可能性に属する前提が脱落し、そしてこのやり方でそれにもかかわらず処罰しようとすることを立法は是認されないのである。[33]」と。

以上、長々とミッターマイヤー論文の引用をしてきたが、以下の部分が彼の主張の骨旨と云ってよかろう。すなわち「未遂はその中に企図された犯罪の実行の開始が存するときに始めて可罰的となるという原則を立てている一切の立法は、行為者が遂行するところの行為の中に企図した犯罪の実行の真の開始が存するときにのみ、未遂が処罰されうるということを承認しなければなら[34]」ない。したがって、毒殺未遂には真の毒が、堕胎では堕胎手段が与えられるべく試みられるときに、法律によれば企図した犯罪の可罰性に属するメルクマールそれ自体を担っているからであるとする。このことはそこから立法者が未遂を行為の中に、実行の開始が存するところで始めて処罰する

という根拠から生ずるのである。[35]

また例を挙げるなら、Aを殺害するために三〇〇〇歩の距離からAに向けて射撃しようとする人間や、彼の仇敵Bを毒殺するために純粋の砂糖を投与するときに、それぞれ「実行を開始」したといえるであろうか。そのような諸事例で実行の不可能性が現われるような状況では、行為者の馬鹿気た行いを嗤うであろうし、あるいは同情だけしか残らない。[36]そして不能なやり方で行為した者が次にはその犯罪をより賢明に遂行するであろうという危惧から刑罰を正当化しようとするならば、「予防処分」と「刑罰」とを混同するものである。[37]

そこで、不能な手段が用いられた場合もしくは客体が欠ける場合には、「絶対的不能」と「相対的不能」の区別がなされるべきであって、これを無視して処罰するのは根拠のないことである。[38]

「われわれの理論においては、相対的に不能なもしくは不完全な手段の使用に対して、絶対的に不能な手段をもってする企行の学説および判例において提立されている区別が最も重要である。本稿の筆者もまた、既に一八一六年にこれがまた他の論者によっても行われているように、この区別を正当化しようと試みた。その指導的な顧慮は、人がそれでもって判決において処罰されない未遂の理論を実行の不可能性においてしばしば適用し、そしてそこでその原理が適合しない多くの行為の不処罰として反作用しようということであった。現実に処罰されない諸事例と外観上同じような諸事例との間の限界線を引くという試みが、絶対的に不能な手段と相対的に不能な手段との間に区別を引き起こしたのである。[39]」と。

以上のような考慮から、ミッターマイヤーは以下の諸原則によって処罰されない企行を当罰的な未遂から区別しようとする。すなわち「I．それなくしては犯罪が生じえない一定の属性が法律上要求されている対象が、企図さ

れた犯罪の本質に属するところではどこでも、あるいは手段の一定の性質およびその使用の一定の属性が犯罪のために必要であり、そこでそれなくしてはそれは犯罪の完遂のために不可能であるようなところではどこでも犯罪を犯そうとする目的をもっているにもかかわらず、開始された企行は法律上要求されている対象の属性を欠き、もしくは使用された手段もしくはその使用の性質がこの犯罪を完遂するための可能性を排除するときには、処罰されない。

Ⅱ．それに対して、犯罪の終了もしくは行為者の目的の達成の発見および回避が容易であり、もしくはその終了が行為者の実行の性質により欠陥のある不手際な、不完全なもしくはあまりに微少な量において行われたそれ自体有効な手段の使用によって、あるいは欲せられたものの一定の現存する属性および状態によって、あるいは違反者の行為ののちに付け加わった事情のゆえに個々の事例における終了が不可能となったということによって阻止されたというように、犯罪の終了の発生が実行の不手際で挫折するときにはどこでも、可罰未遂が存在するのである。[40]」と。

ここで明確に「絶対不能」は不可罰であるが「相対不能」は可罰的であるとする「絶対不能」「相対不能」区別説が主張されているのである。

以上の区別に従って、個々の犯罪の解決方法が以下で示されているのである。

先ず①重婚罪では、その婚姻が未だ継続していると考えた既婚者が、第二の婚姻を締結しようとし、そのために必要な処置を行なうが、一方で第一の婚姻が行為者が知ることなしに解消されていたといった場合、法律上必要な客観的メルクマールの前提を欠くために処罰されない未遂の事例が生ずるのである。ここでは、その不処罰は第二の婚姻の同意の時点では、なお存続する第一の婚姻の存在が欠けているということで不処罰が正当化されるのであ

る。[41] ②偽罔罪では、だれかが真のものと考えた遺言書を隠そうとするが、他方その隠された遺言書は偽のものであるという場合には、不処罰となる。というのも犯罪に属する客体、すなわち真の遺言書が欠けているということで正当化される。また他人を偽罔する目的で、例えば手形を作成するがそれによってだれも偽罔されず、また損害が与えられないような方法で、例えば偽造手形において公称上の手形振出人のところに架空の名前が書かれており、そこで手形支払人はその手形を引き受けるべく動機づけられえないとき、あるいはその偽造がその適時の発見が極度に蓋然的であり、そして犯罪目的の達成が挫折されるというほどに不器用なやり方で行われたといった場合には、この種の諸事例では可罰的な未遂が存在する。なぜなら偽造の犯罪を根拠づける行為が行われたのであり、それ故に実行の真の開始が存在し、その挙行が不十分なものであっても、未経験のあるいは軽率な人間が欺罔されるときには、犯罪目的達成のための絶対不能が存在したとは云えないからである。[42] ③窃盗罪については、だれかが盗む目的で彼が他人の物と思って領得しようとしたが、実は自分の物を奪取したということが明らかになった場合には、不処罰となる。なぜなら、法律は窃盗のために他人の物を本質的なものとしているからである。しかしながら盗人が盗みうるものと信じた場所に盗まれうるべき物が存在しないといった場合、客体の欠缺により不処罰になるものではない。例えばスリが盗もうとして行為するが、その他人が何も持っていなくても、彼の行為は実行の開始を含んでいるのであって可罰的な未遂なのである。他方で不能な手段を考慮すれば、盗人がはしごで盗もうとして登ろうとするが、そのはしごが短く侵入しえないといった場合でも可罰未遂となる。なぜなら窃盗の実行の開始が存在しているかぎりで、選択された手段それ自体有効であるからである。ただし、具体的な諸事情から忍び込むのが絶対的に不能な場合には、意思の真摯性が疑われるようなときにのみ無罪となろう。[43] ④堕胎罪に関しては妊婦で

あるという確実性が欠如するかぎり、不可罰である。なぜなら、妊娠しているという確実性がこの犯罪に本質的に属する前提だからである。また、いかなる状況のもとでも犯罪を犯すために適していない手段が用いられるときにも不処罰が正当化される。もっとも、例えば医者が事情によっては堕胎を惹き起こすに適した手段を教えたような場合には、可罰未遂が成立する。⑤殺人罪については、行為者が誤って人間と思って人形や丸太を射撃した場合とか、殺害しようとした者が行為時に死亡していたような場合は、不可罰となる。同じことは装填されていない銃で射殺しようとした場合とか、行為者が射殺しようとした場所にその人がいなかったといった場合にも不処罰となる。もっとも行為者が当てられるはずであった者から、その射撃がかの者に達しえないほどに離れていた場合には不処罰が認められるが、それには制限があり、その射撃はそれ自体有効な手段であってその使用方法が個々の事例で不十分であった場合などは、可罰的である。[44] ⑥毒殺犯罪については、以下の状況に依存するとする。すなわち「(一) あらゆる諸状況のもとで一切の人間において死もしくは健康の毀損を招来するような毒というものは存しないということ、かえってある物質が一定の方法である人の身体の中あるいは身体に付着されたときに、その移行および器官におけるその容易な拡張のために毒が投与された人間の健康が重大な動揺を引き起こされ、また死すら引き起こしうる物質が使用されたかどうかということのみが問題であること。(二) 従って、それが投与された毒の量に依存し、身体の中にもたらされるはずである身体の一部に依存し、投与の種類に依存し、他の物質との併合に依存し、使用の時間および投毒される者の個別性に依存するかぎりで、毒の効果は相対的なものであるにすぎない。(三) 物質は、それがまた諸条件および一定の諸前提のもとでのみ毒として作用するときには、その可能な方法と適合においてその物質が毒として有効となりうるような性質のものであるや否や、悪しき目的をもってかよう

な物質を使用する者は正にそれにあっては行為者がまた悪しき結果の発生をまた可能なものとして認識しなければならないところの相対的な毒の性質の故に、一切の可能な結果にさらされるからである」[45]といった条件のもとで、ミッターマイヤーは投毒犯罪の可罰・不可罰を区別するのである。（a）使用された物質がいかなる状況のもとでも上述の意味における毒に算入されず、あるいは一定の異常な諸状況のもとでその物質が健康を毀損しうるが、しかし個々の事例で行為者の行為態様によれば、この状況が根拠づけられうるということが示されないような場合には投毒の未遂は処罰されない。（b）毒が行為者によってそれにより不溶性のものとなり、もしくは毒の効果が中和される結合が示されるような他の物質と混合されるときにもまた、不処罰性が正当化される。けだしかような諸事例においてそれが加えられたときにはその物質はもはや毒ではないからである。（c）ある物質はそれがより多量に与えられるときには毒として作用する物質が、個別事例において作用しえないほどに少量しか与えられないときには、同じことが生ずるのである（すなわち不処罰）。しかしそれがしばしば繰り返された場合に毒として作用しうるような場合は、既に「実行の開始」が認められ可罰的となる。（d）毒としての物質の有効性は身体の部分にも依存する。すなわち単に毒が表皮に付着されただけの場合に、毒の吸収が阻止される場合は不可罰である。だが表皮が無傷ではなく、もしくはその毒が表皮それ自体を化学的に溶解するに適しているような場合には、その毒の効果の不可能性が排除されないということで、そのような事例では不可罰性は疑問とされなければならない。（e）毒が他の物質との混合によっておよび長期間外気との混和に曝されることによって、その毒性が弱められるということが専門家によって証明されないときには、可罰的である。（f）そこから使用された手段が意図した結果をもちえなかった根拠が、（α）それによって毒の効果が阻止された被害者の個別性もしくはその状態の中にあるよう

な場合（例えば、多量のアヘンを使用したり、塗装用の毒物を自己使用しているような場合）には、投毒の未遂は可罰的となる。（β）例えば行為者が毒を大部分こぼしてしまったために、毒の作用が阻止されるような場合も可罰的である。（γ）その毒が、投毒されるべき者にへどの出るような悪臭のために直ちに毒の存在を推定してその毒の飲食物を摂取しなかったといった場合にも、可罰的未遂である。なぜなら今挙げられた全ての諸事例は、毒が有効とならなかった理由が犯罪者の活動とは無関係の原因によるのであって、可罰性が避けられないのであり、これらの諸事例は全て「有効な手段」だからである。[46]

（24） *Mittermaier*, Der Versuch von Verbrechen, bei denen es an dem erforderlichen Gegenstande des Verbrechens mangelt, und der Versuch mit untauglichen Mitteln, geprüft, in GS, Bd. II, 1859, S.403 ff.
（25） 中川祐夫訳「一八一三年のバイエルン刑法典（Ｉ）」（『龍谷法学』第二巻第二・三・四合併号　一九七〇年）二四三頁参照。
（26） *Mittermaier*, Der Versuch von Verbrechen［Anm.24］, S.406 ff.
（27） *Mittermaier*, Der Versuch von Verbrechen［Anm.24］, S.409 f.
（28） *Mittermaier*, Der Versuch von Verbrechen［Anm.24］, S.421.
（29） *Mittermaier*, Der Versuch von Verbrechen［Anm.24］, S.421.
（30） *Mittermaier*, Der Versuch von Verbrechen［Anm.24］, S.422 f.
（31） *Mittermaier*, Der Versuch von Verbrechen［Anm.24］, S.423.
（32） *Mittermaier*, Der Versuch von Verbrechen［Anm.24］, S.423 f.
（33） *Mittermaier*, Der Versuch von Verbrechen［Anm.24］, S.424.
（34） *Mittermaier*, Der Versuch von Verbrechen［Anm.24］, S.424 f.

(35) *Mittermaier*, Der Versuch von Verbrechen [Anm.24], S.425.
(36) *Mittermaier*, Der Versuch von Verbrechen [Anm.24], S.428.
(37) *Mittermaier*, Der Versuch von Verbrechen [Anm.24], S.429.
(38) *Mittermaier*, Der Versuch von Verbrechen [Anm.24], S.430.
(39) *Mittermaier*, Der Versuch von Verbrechen [Anm.24], S.437.
(40) *Mittermaier*, Der Versuch von Verbrechen [Anm.24], S.439.
(41) *Mittermaier*, Der Versuch von Verbrechen [Anm.24], S.441.
(42) *Mittermaier*, Der Versuch von Verbrechen [Anm.24], S.441 f.
(43) *Mittermaier*, Der Versuch von Verbrechen [Anm.24], S.442 f.
(44) *Mittermaier*, Der Versuch von Verbrechen [Anm.24], S.445 f.
(45) *Mittermaier*, Der Versuch von Verbrechen [Anm.24], S.447.
(46) *Mittermaier*, Der Versuch von Verbrechen [Anm.24], S.446–450.

第五節　結　語

以上によって、ミッターマイヤーの「絶対不能」「相対不能」区別説が、極めて明確に呈示されたものと云えよう。一時期の主観説への傾斜にもかかわらず、不可罰な絶対不能と可罰的な相対不能との区別が単に抽象的にその主張を展開するのではなく、個々の具体的な犯罪類型に当たってそれぞれの解決方法を呈示した点は極めて重要であると云えよう。以上がミッターマイヤーの説いた「絶対不能」「相対不能」区別説の全貌であり、これをもって

旧客観説（古い客観説）と称されるものが提示されたのである。これにより、フォイエルバッハの不能犯論のいわば素朴な思想を体系化し、それを継承しつつも実務に目を向けその指針を呈示しようとした努力の産物と云えよう。この点、キッパーによれば「のちにバイエルン司法省でフォイエルバッハの協力者となり、また一八二五年以降は彼の教科書の補注を加えたミッターマイヤーは、客観的危険性の厳格な解釈をすると、未遂としては罰せられない場合が非常に多くなってしまうという正当な認識に基づいて、フォイエルバッハ説をさらに修正して、絶対的不能なもしくは不十分な手段と、相対的に不能なもしくは不十分な手段とを区別した。それによると、いかなる事情のもとでも意図した結果をもたらしえないものが絶対的に不能な手段であり、それに対してそれ自体はかの結果を生じさせるに適していたが、具体的な場合には不十分なものとして明らかとなるもの（少量すぎる毒）は、相対的に不能な手段であるという。後者の諸事例なら可罰的とすべきであるというのである。[47]」と述べられているが、ミッターマイヤー自身は手段のみならず、客体（主体も）についても論じているのであってその射程は広範に及ぶものである。

もっとも、ミッターマイヤーのこの区別説に対し、宗岡教授は以下のような批判をなされている。すなわち「絶対不能と相対不能の区別は、ミッテルマイヤーにおいて『判断基底』構成に関する問題の自覚を欠いたがために、不明瞭なものにとどまらざるをえなかったのである。……ミッテルマイヤーは、フォイエルバッハの客観的未遂論を理念的に継承しようとし、同時に時代の法意識との妥協を計るためにフォイエルバッハの客観的未遂論の修正を試みたにもかかわらず、不能犯の理論的核心である『判断基底』の問題を理解しえなかったため、彼の区別説は、感覚的、直感的、恣意的なものにとどまり、以後の客観的未遂論に無用の混乱をもたらさずにはいなかった[48]」とい

う辛口の批判をされているが、けだし妥当な批判と云えよう（なお、この当時には「判断基底」と「判断尺度」の問題が未だ意識されておらず、後代になって初めて明らかとなったものであるので時代的制約があったと云わざるをえない）が、この区別説（旧客観説）を一応確立した点は極めて重要な意義をもちうるものとして評価してもよいであろう。

そこで、今後のわれわれの課題としては、この旧客観説（区別説）の感覚的・直感的・恣意的ではない「判断基底」と「判断尺度」の問題を明確に意識した理論構成を提示することにあるといえよう。

（47） *Eberhard Kipper*, Johann Paul Anselm Feuerbach. Sein Leben als Denker, Gesetzgeber und Richter, 2. unveränderte Auflage, 1989, S.46 f. なお、本書の訳書、E・キッパー著西村克彦訳『近代刑法学の父　フォイエルバッハ伝』（良書普及会　一九七九年）四二頁参照。

（48） 宗岡・前掲注（17）七九頁。

第五章　不能犯論の再構成

第一節　はじめに

従来私は不能犯論につき具体的危険説を採ってきた。(1) しかしながら、そこでも書いておいたように、具体的危険説は「主観的に着色された危険説」(ゲルマン)の憾は払拭しがたいのであって、やはり問題が多すぎるとしばしば考えるに至った。すでに最近の私の諸論考が示しているように、客観的危険説への改説を示唆しているものと思われる。(2) それ故、ここに私の現在構想している不能犯論を提示し、そのよって来るところを本稿で表明したいと思う。その際、すでに示しておいたフォイエルバッハ＝ミッターマイヤーが提示した旧客観説の方向で検討したいと思料している。

では、以下で論を進めて行きたい。

(1)　振津隆行「不能犯――具体的危険説と客観的危険説との対抗」(『刑法理論の探究――中　義勝先生古稀祝賀』(成文堂　一九

九二年）二五九―二七六頁　同『刑事不法論の展開』（成文堂　二〇〇四年）一七三―一九〇頁所収。
（2）振津「認識なき正当防衛小考」同「フォイエルバッハの不能犯論」同「ミッターマイヤーの不能犯論」（『金沢法学』第五七巻第一号　二〇一四年）七五―七七頁、七九―八五頁、八七―一〇九頁。

第二節　不能犯論の構造と内容について

一　客観的危険説の「判断尺度」

まず、先に示したフォイエルバッハ＝ミッターマイヤーの不能犯論を基礎として、それを現代化することにあるといえよう。すなわち、いわゆる旧客観説の方向を維持しつつ、その判断尺度と判断基底を明確化することにあるのである。

ところで、まず「判断尺度」についてはは比較的容易に設定可能なものと思われる。さて、およそ犯罪が行われたとして、行為者を処罰するためにはそれなりの犯罪成立を証明する「証拠」がなければならない。それが疑わしい場合は犯罪成立を立証しうる専門家の科学的な「鑑定」に依らなければならない。そしてことは犯罪である以上既遂犯のみならず未遂犯においても然るのである。したがって、既遂犯同様未遂犯成立のための「判断尺度」は「専門家的な科学的知識（法則論的基礎）」であるといえよう。すなわち、この尺度は鑑定等によって得られた事後の科学的な実証・実験等によって得られた知見を含みうることは云うまでもない。これこそが、われわれの客観的危険説を成立せしめる「判断尺度」なのである。

次に、最も重要な「判断基底」の問題に進んで行こう。

二　客観的危険説の「判断基底」

すでに拙稿で示した分類にしたがって、この「判断基底」の問題について論述することにする。その際、事後判断を基礎とするので、「行為者主観」が作用する余地は全くない。すなわち、自白のみで処罰しようとするなら、ミッターマイヤーが云うように「行為者が犯罪を行おうとする意思をもっていたということだけで処罰することを、立法者が裁判官をして可能ならしめようとするならば、法律の正しい解釈のすべての原則と矛盾し、そして恐ろしい裁判官の恣意の体系を設定することに(3)」なるからである。

それ故に、「絶対不能」は不可罰の不能犯となり、「相対不能」は可罰的な未遂となることは当然である。

（一）　客体の不能

客体の不能については、以下の三つに分類し、設例を挙げつつ検討する。

〔ⅰ〕　目指された行為客体、したがって保護法益がその場に存在しない場合（本事例は、再度以下の二つに細分しえよう）

ⓐ　攻撃が推測上向けられている行為客体が全く存在しない場合

〔設例①＝死体に対する殺人企行〕　Aは、ベッドで横臥しているBを殺意をもってその頭部に向けて発射した。ところが、公判段階での鑑定の結果、BはAの発砲直前に老齢のため心不全で死亡していたことが判明した（頭部射撃事例）

本設例はドイツでよく挙げられる講壇事例であるが、本事例では一般人も行為者も（更には専門的観察者にあっても）、事前的には真摯な殺人の危険を肯定しうるが故に、具体的危険説からは当然に殺人未遂とされ、また、これを肯定したわが国の下級審判例も存在する（広島高判昭和三六・七・一〇高刑集一四・五・三一〇頁）。これに対して、事後的に観れば行為時にBは既に死亡しており、全く存在しない客体に対して結果発生の危険は「およそ」存在しないのであるから、殺人罪としては絶対的不能なケースであって、典型的な不能犯であるとせざるをえない。

なお、本事例グループに属すると考えられる非懐胎の婦人に対する堕胎未遂も、われわれの観点からすれば、不能犯とせざるをえない。それは、懐胎している婦人の場合にのみ問題となり、非懐胎の婦人は「およそ」不能な客体であるからである。

ⓑ　目指された行為客体は存在するが、推測された場所には存在しない場合

〔設例②＝空ベッドへの射撃〕　Aは、仇敵Bを射殺しようとしてBの寝室に侵入し、寝具の状況等からみて就寝中と思われたので発砲したが、実はそのベッドは空であったため、目的を遂げなかった。

本設例は、いわゆる「空ベッド事例」であるが、事後的にはそのベッドに人がいなかった以上、「絶対的に不能」な客体であり不能犯とするのが論理的に首尾一貫した帰結といえよう。ただし、ここでは空ベッドのケースで外出中の場合と同室内の隣のベッドに寝ていた場合には、空ベッドを狙った弾丸がBに当たる危険性があるとして未遂犯を肯定しようとする見解もある。隣のベッドへの射撃可能性を肯定して、「相対不能」としていくとどこまでが着弾可能性のある危険領域かが不明確となり、やはり不能犯をわれわれの立場からは認めざるを得ないのである。

このことは、雄弁にもミッターマイヤーが、「行為者が射殺しようとした場所にその人がいなかった場合には不処

罰となる」[4]とし、「絶対不能」としているのである。まさに「狙われたそのベッド」に被害者たるべき「その人」が存在しないからである。ただし、「空ポケット」へのスリ事例では、金品を何も所持していなかった（懐中無一物）場合と狙われた右ポケットではなく左ポケットには財物があった場合とで、前者は不能犯、後者は未遂犯としてもそんなに違和感はないように思われる。この点につき、その程度までは許されるべきで、ミッターマイヤーも「盗人が盗みうるものと信じた場所に盗まれうるべき物が存在しないといった場合、客体の欠欲により不処罰となるものではない。例えばスリが盗もうとして行為するが、その他人が何も持っていなくても……可罰的な未遂である」[5]としているのである。われわれは、事後判断を基礎とし、何ももっていない場合（懐中無一物）は不能犯であり、狙われた右ポケットではなく左ポケットに金品があれば、左ポケットに対する現実的危険性（危険領域性）を認め、「相対不能」として未遂を肯定してもよいと思料する。その点で、ミッターマイヤー説より、より謙抑的であるといえよう。そのかぎりでのみ、左ポケットに対する金品の存在を事実として実在的危険性があるものとして肯定してもよいと思料する。

〔ii〕　目指された行為客体は存在し、一般に有能な手段が用いられたが、客体の特殊事情のため結果が生じない場合

〔設例③＝防弾チョッキ事例〕　Aは、Bを殺害しようとしてピストルを発射したが、Bが防弾チョッキを着用していたため弾丸がそれて当たらなかった。

本設例は、手段の不能との限界・区別が問題となる事案であるが、従来から「客体の相対的不能」のケースとされてきたので、ここで問題とする。なお、同種の事例として、毒殺しようとした相手方が使用された毒に抵抗力が

あった場合なども挙げられている。

本設例の場合、具体的危険説からは事前には「防弾チョッキ」の着用が判断基底に入らない以上、当然に殺人未遂が肯定される。そして、フォイエルバッハ＝ミッターマイヤーの主張した旧客観説からも、客体は存在し有能な手段も用いられたとして「相対不能」が認められるケースといってよい。ただし、われわれの主張する客観的危険説からは、一般的には相対不能として未遂を肯定してもよいが、ただし、ピストルで殺害しようとする者は、少なくとも一発で仕留めようとするものではなく、何発か——六連発銃ではその六発をもって——で射殺しようとするものである。しかも、防弾チョッキといえども完璧に弾丸から逃れうるものではなく、実際に表われた判例の事実でも相手方に重傷を負わしめうるものであり、(6) それが防弾チョッキの守備範囲ではない頭部等に射撃がなされれば、十分に射殺結果を生じさせるに十分な危険を内包するものなのである。それ故、「相対不能」として殺人未遂を肯定してもよかろう。すなわち、防弾チョッキを捨象するのではなく、弾丸がはずれて当たる危険性がきわめて高いが故に、「相対不能」として殺人未遂を肯定するのである。これに対して、たとえば「いかなる銃弾もこれを貫徹しえない防弾ガラスによって護られている人」に対する射撃は「絶対不能」であって、不能犯ということになる。防弾チョッキは完全に弾丸を貫徹しえないものではないことを考慮すべきであって、そのかぎりで不能犯となしえず、「相対不能」として殺人未遂を肯定しうる客体と云わざるをえないのである。

〔設例④＝自己の財物の窃盗事例〕　Aは、自己の外套とともに掛っている色・柄等も非常によく似ているが高価な他人Bの外套を盗もうとして持ち去ったところ、実は自己の外套であった。

本設例については、ミッターマイヤーも云うごとく、「だれかが盗む目的で彼が他人の物と思って領得しようと

したが、実は自分の物を奪取したということが明らかになった場合には、不処罰となる。なぜなら、法律は窃盗のために他人の物を本質的なものとしているからである[7]」と述べている。事後判断を基礎とするフォイエルバッハ＝ミッターマイヤー流の旧客観説によれば、判断基底は事後的判断によってえられた対象が基礎となるべきであるから、事前的にはいかに他人の物と思われる外観を備えていようとも、その客体は自己の物なのであるから「絶対的に不能」な客体であって、不能犯とすることに何の問題も生じえないからである。それに対して、具体的危険説の論理を貫けば、一部定型的危険説の異論はあるものの、その論理構造からは窃盗未遂となるのであって、それにはは重大な疑念があるというべきである。われわれの立脚する客観的危険説の論理からは、当然不能犯が肯定されるのである。

なお、その他平野博士が挙げられた少女の年齢を誤認した場合、賍物でない物を賍物であると思って故買した場合などが[8]、本事例グループに属すると考えられるが[9]、問題は論理的に同一であり、「絶対不能」として不能犯となるのであって、特別に論ずる意義はないといえよう。

(二)　手段（方法）の不能

手段（方法）の不能については、わが国では錯誤の性質による三分類が一般化しているので、以下ではこれに従い検討していきたい。

〔i〕　手段として使う物を錯誤により取り違えた場合

〔設例⑤＝砂糖投与事例〕　妻Aは、夫Bを毒殺しようとして、多量の青酸カリを混入した砂糖びんを戸棚にしまっておいた。Aがこれを取り出す際に、誤まって隣に立っていた同型の正常の砂糖びんを取り出して、コー

ヒーに混入してBに飲ませた。

本設例に対して、具体的危険説からは砂糖を青酸カリと「誤信した経過が一般にまちがいやすい状況」下であり、相当な理由のある錯誤であるから、砂糖ではなく青酸カリが判断基底に入るので、殺人未遂を肯定しうることになろう。これに対しては、「それは結局、行為者の主観（存在すると思った事実）を前提として一般人の危険感が判断されることにな」り、抽象的危険説と同一ではないかという疑念が当然に投ぜられる[10]。なお、具体的危険説の立場に立ちつつ、行為の外観の平穏性を根拠に未遂犯を否定しようとする見解もあるが（平野[11]）、それは事後になって知られた事情を顧慮するのでなければ不可能であり、具体的危険説の論理からは首尾一貫しないものといえよう。

したがって、われわれの立脚する事後判断の立場から、砂糖で毒殺するのは「絶対に不能」な手段として、手段の絶対不能の典型例なのである。このことにつきミッターマイヤーによれば、「だれかが、その仇敵を毒殺しようとして毒のかわりに砂糖を用いた場合は、毒殺犯罪の構成要件は欠如する。なぜなら毒殺犯罪のためには、本当の毒が属し砂糖は属さないのである。また、砂糖を投与するだけの者は、砂糖＝投与の中に何らの不法も無いのであって、ただ毒を投与しようとする意欲（Gift ＝ Geben ＝ Wollen）があるだけにすぎず、意図のみでは処罰されないのである。……毒のかわりに砂糖を投与して殺害しようとす」る者を「処罰しようとするならば単に自白にのみ刑罰を依らしめるものであって、確固たる証拠理論に違反するか、もしくは不処罰に至ることを容認しなければならない」[12]。さらに続けて、「彼の仇敵Bを毒殺するために純粋の砂糖を投与するときに」実行を開始したとはいえないとして、そのような事例では「行為者の馬鹿気た行いを嗤うであろうし、あるいは同情だけしか残らない。そして不能なやり方で行為した者が次にはその犯罪をより賢明に遂行するであろうという危惧から刑罰を正当化しようとす

るならば、『予防処分』と『刑罰』とを混同するものである」[13]として、明確に「絶対不能」としているのである。

〔ii〕　手段として用いられた物の作用について錯誤のある場合

〔設例⑥＝空ピストル事例〕　Aは、勤務中の警察官Bからピストルを奪取し、Bに向け引き金を引いたが、たまたま実弾が装填されていなかったため発射しなかった。

本設例は、福岡高判昭和二八・一一・一〇高裁特報二六・五九頁の事案であるが、本件では「制服を着用した警察官が勤務中、右腰に着装している拳銃には、常時たまが装てんされているべきものであることは一般社会に認められていることである」という理由により、殺人未遂罪が肯定された。本判決は、事前判断に基づく具体的危険説の基準を採用したものとされている。これに対して、客観的危険説からは事後判断に基づくので、「たまが装てんされていない拳銃」が判断基底に入るので、空ピストルで撲殺することは可能であるとしても、射殺することは絶対的に不能な手段として、不能犯を肯定すべきことは当然の帰結となるはずである。ここで、ミッターマイヤーも「装填されていない銃で射殺しようとした場合」には、不能犯であり不可罰となると明示しているのである[14]。ところが、修正客観的危険説の立場からは「巡査の勤務中携帯する拳銃には弾丸がこめられているものであるから、実弾がこめられていることは十分にありえたことになり、具体的危険の発生は肯定されることになるのである。これに対して、知人宅での言い争いからかっとなり、その場に飾られていたライフルを突然取り上げて、相手に向けて引き金を引いたところ、そのライフルには弾丸がこめられていなかったために、相手は殺害されるに至らなかったという場合には、応接間に飾られているライフルには実弾をこめておかないというところから、実弾がこめられていることが十分にありえたとた言えず、具体的危険の発生は否定されることとなるのである」[15]という仮定的事実の

存在可能性を考慮することによって、判例の結論を肯定しようとする見解もある（山口）。これに対しては、具体的危険説からはもちろん、[16]客観的危険説からも批判されている。中山博士によれば、「山口説による『修正』は、あまりにも重大であって、『ありえた手段』の可能性を問題にすることは、『空ピストル』（事実）を『実弾入りピストル』（観念）におき換えることによって、結果的に一般人の危険感を基準とする具体的危険説に接近することになる。また、同様の手法が、客体の不能などの他のケースにも適用されれば、相対不能に転化するおそれがあるといわねばならない[17]」としてきびしく批判されているのである。やはり、勤務中の巡査が携行している「空ピストル」も、応接間に飾られている「空ライフル」も、「空の銃」であることに何ら径庭はなく、「空ピストル」での射殺は絶対に不能な手段であって、不能犯とせざるをえないのである。

〔iii〕　手段のもつ効果について錯誤がある場合

〔設例⑦＝空気注射事例〕　Aは、Bを殺害しようとして、Bの静脈内に空気三〇ccないし四〇ccを注射したが、致死量にいたらず殺害目的を遂げなかった。

本設例は、最判昭和三七・三・二三刑集一六・三・三〇五頁の事案であるが、最高裁は絶対不能・相対不能の公式を採用し、「本件のように静脈内に注射された空気の量が致死量以下であっても被注射者の身体的条件その他の事情如何によっては死の結果発生の危険が絶対にないとはいえない」として、殺人未遂を認めた。たとえば、相手方が過労等のため抵抗力が弱っている身体的状況が十分にありえたとすれば、当該の具体的な相手方について具体的危険の発生を肯定することが可能であるとか（山口）[18]、不能犯においては、科学的・物理的事情を基礎としつつも、危険性という評価的判断が不可避である以上「危険の程度・量が問われている本件においては、社会経験上一

般に危険を感ずる場合」として相対不能として未遂犯が認められる場合であるとか（曽根）[19]、量や程度を高めれば結果発生への可能性が強まり、いずれは結果が発生しうる事例であるとか（村井）[20]、致死量すれすれの毒が与えられた場合を想定すれば、相対不能として未遂の成立可能性が認められるからだ（中山）[21]等として、客観的危険説の論者によっても、本件を「相対不能」として殺人未遂が肯定されている。もっとも、致死量に満たない毒薬投与のケースが、全て「相対不能」とされるのではなく、「毒の量が減少してくれば、危険も減少してくるのは当然であり、その程度が極少になれば、危険も極少になって、絶対不能と境を接する」として不能犯の成立可能性の余地が留保されている。[22]いずれにしても、客観的危険説の立場からも、本設例については殺人未遂が肯定されている。

これに対し、具体的危険説からは、本件最高裁の維持した原判決が「人の静脈に空気を注射することはその量の多少に拘らず人を死に致すに足る極めて危険な行為であるとするのが社会通念であったというべきである」（東京高判昭和三六・七・一八高刑集一四・四・二五〇頁）としている点を評価し、かような点を論拠に殺人未遂を肯定しようとするのである。[23]これに対して、客観的危険説の立場から、「一般人の常識的な判断による危険感を基準とするのであれば、医学的な致死量を鑑定によって明らかにする必要性もないということになる」[24]という、中山博士による批判がある。そして、具体的危険説の論拠によれば、空気注射事件では「医学的な致死量のいかんにかかわらず、一般人は危険を感じるであろうという点に求められている（平野）。ここでも、一般人の常識的な判断が基準とされているのである」[25]との批判が可能である。なお、本件については、のちに詳しく検討するが、本件の具体的事実を若干挙げておくと、被害者であるA女は桑畑で草取りをしていた若い女性であり、空気栓塞による致死量は古畑鑑定によれば七〇cc以上とされ、中館鑑定によれば三〇〇cc内外であるとされており、三〇ccないし四〇ccの空気注入

ではA女は決して死亡しないのであり、致死量以下といっても、それは量による差ではなく質的な差とも言うことができ、具体的事案を詳細に検討すれば殺人未遂とした点にもかなりの疑念が残るといわなければならない[26]。

(三)　主体の不能

〔設例⑧＝非事務処理者の背任事例〕　Aは、取締役を解任されたことを知らずに、任務違背行為を行った。

本設例は「主体の不能」に関する講壇事例であるが、ここでは身分者でないのに身分者であると誤信して、実行行為にあたる行為を行った場合に、事務処理者（真正身分犯）として身分犯の未遂が成立するかどうかが問題となる。たとえば、背任罪において非事務処理者が自己が解任されたことを知らずに、自己を事務処理者と誤信し背任行為に及んだ場合に問題となる。

さて、具体的危険説からは「主体の不能」について多様な見解が主張されている。（i）具体的危険説の論理を貫徹させて、事前の一般人の立場から、その行為が特定の身分犯を実現する可能性があると感ぜられる以上は実行行為性を認めうるとして未遂を肯定する見解がある（木村（亀）、平野、大谷[27]）。さらに、（ii）構成要件欠缺論に立つ修正論から、身分を有することが本質的でこれを欠けば定型性がなく実行行為ともいえないとする見解（団藤、福田、大塚[28]）、（iii）「裏返えされたあてはめの錯誤」は不可罰な一種の幻覚犯とする見解（中[29]）、（iv）義務違反性が否定されることにより可罰的違法性を欠くとする見解（野村[30]）等多岐にわたる見解が主張されている。しかし、具体的危険説によるときには、身分の範囲について学説上争いの激しい背任罪については、一般人も行為者も同様に錯誤に陥ることが必ずしも稀有の事例とはいえないのであり、具体的危険説の論理からは未遂を肯定するのが首尾一貫するのであって、不能犯とする帰結を維持することは困難といわざるをえない。

これらに対して、客観的危険説によれば事後判断に基づくので、当然主体に関する絶対不能として不能犯となるのである。なお、ミッターマイヤーも「ある婦人と結婚し、そして彼の妻が生きていようと信ずるAでは、重婚の未遂を承認しなければならないであろう。他方で結局のところ最初の妻が、彼が第二の妻と結婚する以前に既に死亡していても」と述べており、独身であるという自己の身分を誤信していたとしても（主体の不能）、重婚罪の未遂は成立しえないということを明確に述べているのである。そして、自白だけで犯罪を構成しようとするならば、自白による構成要件の証明の諸原則と矛盾することが示されるとしているのである。[31] かようにして、客観的危険説に立脚するときには、「主体の不能」は、絶対不能の場合として何らの問題なしに不能犯を肯定しうることになるのである。本説こそがもっとも明確に不能犯を肯定しうる唯一の見解といえよう。[32]

三　小　括

以上のところから、「判断基底」としては、一八〇八年のフォイエルバッハの刑法草案に関する第六〇条（不可罰の不能犯）が明らかにしているように、「外部的行為がそれによって目指された犯罪と全く関連がなく、そこでそれが自然の経過によれば、まったくそこから生じえないときには、未遂としては罰しない」という規定が参考になるように思われる。[33] 同様に、ミッターマイヤーによれば「未遂犯にあっては、その本質上その犯罪行為は既遂犯におけると同一のものでなければならないから、『それが可罰的たるべきときには、因果関係に立つ犯罪的手段（das im Causalzusamenhang stehende verbrechrische Mittel）が未遂に属するのである[34]』」としており、この関係にないものが不能犯なのである。これらが参考になるものと思料される。

以上みてきたように、客観的危険説とは内藤博士が定式化されたごとく、「結果発生の可能性（＝危険）を、事後判断によって画された客観的事情を『基底』（基礎ないし資料）に、科学的基礎のある『基準』によって判断し、結果発生の可能性ありとされる場合を未遂犯とし、そうでない場合を不可罰の不能犯とする見解である(35)」と総括してよいように思われる。

（3）振津「ミッターマイヤーの不能犯論」前掲注（2）一〇〇―一〇一頁。
（4）振津「ミッターマイヤーの不能犯論」前掲注（2）一〇六頁。
（5）振津「ミッターマイヤーの不能犯論」前掲注（2）一〇五頁。
（6）例えば、福岡地判昭和五九・八・三〇判時一一五二・一八二頁では、「至近距離から被害者目掛けて所携の自動装てんけん銃で、実砲五発を発射し、いずれも同人の左上腕部・背部・腹部等に命中させて前記覚せい剤強取したものの、同人が防弾チョッキを着用していたため、同人に対し全治二か月を要する左上腕貫通銃創・左上腕骨々折等の重傷を負わせたに止まり、殺害するに至らなかった」というケースがあった。
（7）振津「ミッターマイヤーの不能犯論」前掲注（2）一〇五頁。
（8）平野龍一『刑法総論　Ⅱ』（有斐閣　一九七五年）三二九頁。
（9）その他の諸事例として、*Peter Albrecht*, Der untaugliche Versuch, 1973, S. 93 f.
（10）中山研一「不能犯の論争問題」同『刑法の論争問題』所収（成文堂　一九九一年）一四一注（4）。
（11）平野『総論　Ⅱ』前掲注（8）三二九頁。
（12）振津「ミッターマイヤーの不能犯論」前掲注（2）九一頁。
（13）振津「ミッターマイヤーの不能犯論」前掲注（2）一〇三頁。
（14）振津「ミッターマイヤーの不能犯論」前掲注（2）一〇六頁。

(15) 山口　厚『危険犯の研究』（東京大学出版会　一九八二年）一七一頁。
(16) 中　義勝「不能犯についての若干の覚え書」同『刑法上の諸問題』（関西大学出版部　一九九一年）二四九頁以下。
(17) 中山「不能犯の論争問題」前掲注（10）一六二頁。なお、村井敏邦「不能犯」『刑法理論の現代的展開　総論Ⅱ』（日本評論社　一九九〇年）一八五頁。
(18) 山口『危険犯の研究』前掲注（15）一七〇頁。
(19) 曽根威彦『刑法総論〔第四版〕』（弘文堂　二〇〇八年）二二四頁。
(20) 村井「不能犯」前掲注（17）一八三頁。
(21) 中山「不能犯の論争問題」前掲注（10）一六一頁。
(22) 中山「不能犯の論争問題」前掲注（10）一六一頁。
(23) 中「不能犯――具体的危険説の立場から――」同編『論争刑法』（世界思想社　一九七六年）一二〇頁。
(24) 中山「不能犯の論争問題」前掲注（10）一四〇頁注（3）。
(25) 中山「不能犯の論争問題」前掲注（10）一三九頁。
(26) 以前、私が主張した修正具体的危険説の立場から、本件について不能犯の成立可能性を示唆しておいたが（振津「未遂の処罰根拠」同『刑事不法論の展開』（成文堂　二〇〇四年）一九九―二〇一頁）、本稿では客観的危険説の立場から再度検討してみたいと思う。
(27) 木村亀二『犯罪論の新構造（下）』（有斐閣　一九六八年）二八頁、平野『総論　Ⅱ』前掲注（8）三三二頁、大谷　實『刑法講義総論　新版第四版』（成文堂　二〇一二年）三八一頁。
(28) 団藤重光『刑法綱要総論　第三版』（創文社　一九九〇年）一六五頁、福田　平『全訂　刑法総論〔第五版〕』（有斐閣　二〇一一年）二四七頁、大塚　仁『刑法概説（総論）〔第四版〕』（有斐閣　二〇〇八年）二七四頁。
(29) 中「不能犯」前掲注（23）一二七頁以下等。
(30) 野村　稔『刑法総論　補訂版』（成文堂　一九九八年）三五一頁以下。

(31) 振津「ミッターマイヤーの不能犯論」前掲注(2)九四頁。さらにまた、ミッターマイヤーは以下のようにも述べている。すなわち「重婚罪では、その婚姻が未だ継続していると考えた既婚者が、第二の婚姻を締結しようとし、そのために必要な処置を行うが、一方で第一の婚姻が行為者が知ることなしに解消されていたといった場合、法律上必要な客観的メルクマールの前提を欠くために処罰されない未遂の事例が生ずるのである。ここでは、その不処罰は第二の婚姻の同意の存在が欠けているということで不処罰が正当化されるのである」と(同一〇二頁)。
(32) なお、もっぱらドイツの状況について詳細には、塩見　淳「主体の不能について(一)(二)・完」(法学論叢第一三〇巻第二号一九九一年、同巻六号一九九二年)一―三四頁、一―二八頁参照。
(33) 振津「フォイエルバッハの不能犯論」前掲注(2)八五頁注(13)。
(34) 振津「ミッターマイヤーの不能犯論」前掲注(2)八九頁。
(35) 内藤　謙『刑法講義総論(下)Ⅱ』(有斐閣　二〇〇二年)一二六六頁。

第三節　わが国の判例の検討

次に、わが国の判例につき、主要なもののみについて、われわれの立場から検討しておこう。

一　客体の不能

(一)　死胎児に対する堕胎手術

不義の子を妊娠したので、堕胎しようとした妊婦が、産婆に依頼して堕胎手術をなさしめた事案で、本件は死胎児であったという証言あるのみであったが、大審院は「堕胎罪の成立するには堕胎手段を施したる当時に於て胎児

が生活力を保有せることを要し……胎児が既に死亡しありたりとすれば堕胎罪の対象たるを得ず。之に堕胎手術を施すも犯罪を構成せざるや論なし」としたものがある。もっとも、本件では死胎児であったとする証言あるのみで、具体的事案について死胎児であることを否定しているから、上の見解は傍論であり判例としての意義は少ないが、その基礎にあるのは客観的危険説の見解である（大判昭和二・六・一七刑集六・二〇八頁）。

(二)　死体殺人事件

既に銃撃により倒れていた被害者に対して、止めを刺すべく日本刀で左右腹部、前胸部その他を突き刺したという事案について、行為時における被害者の生死については鑑定人の間でも見解が岐れる程医学的にも生死の限界が微妙な事案について、被害者Aは純医学的には既に死亡していたとしても、「単に被告人Xが加害当時被害者の生存を信じていたという丈けでなく、一般人も亦当時その死亡を知り得なかったであろうこと、従って又被告人Xの前記のような加害行為によりAが死亡するであろうとの危険を感ずるであろうことはいずれも極めて当然というべく、かかる場合において被告人Xの加害行為の寸前にAが死亡していたとしても、それは意外の障害により予期の結果を生ぜしめ得なかったに止り、行為の性質上結果発生の危険がないとは云えないから、同被告人の所為は殺人の不能犯と解すべきでなく、その未遂罪を以て論ずるのが相当である」とした（広島高判昭和三六・七・一〇高刑集一四・五・三一〇頁）。本判決は、行為当時、行為者の認識していた事情と一般人の認識しえた事情を判断基底に一般人の危険感により、殺人未遂を認めている点で、具体的危険説に依拠した基準を採用しているとみることができる。もっとも、客観的危険説によれば事後判断を基礎とするから、死体を殺害することは「絶対的に不能」であり殺人罪としては不能犯で、せいぜい死体損壊罪が成立するにすぎない。なお、本件では鑑定の結果、被害者の生死

が不明であったとしても結論は変わらない。「疑わしきは被告人の利益に（in dubio pro reo）」という大原則が妥当し、判断の基礎に置かれるのは被害者の死亡という事実であるからである[36]。

(三)　空ポケット事件

①　空ポケット事件大審院判決は、墓地を通行中の被害者を後方から引き倒して、その懐中物を奪取しようとした事案につき、「通行人が懐中物を所持するが如きは普通予想し得べき事実なれば之を奪取せんとする行為は其結果を発生する可能性を有するもの」として、強盗未遂の成立を肯定している（大判大正三・七・二四刑録二〇輯一五四六頁）。本件事案では、被害者が現実に懐中物をなんら所持せず、懐中無一物であったかどうかは不明であるが、しかし判旨は具体的危険説の基準に依拠したものということができよう。②　①と同種の事例で、電車進行中の電車内において現金窃取の目的で巡査部長Aの着用していた洋服上衣ポケット内にその手を差し入れたがAに発覚されてその目的を遂げなかったという事案で、大審院は「現金窃取の目的を以て、Aの着用せる洋服のポケット内に手を差し入れたるものなること言を俟たず。之を所論の如く予備行為に過ぎざるものと謂うべからず。又仮に現金が其のポケット内に存在せざりしとするも固より不能犯たるべきものに非ず。蓋し洋服着用者がポケット内に金銭を所持することは通常の事例なればなり」とするものもある（大判昭和七・三・二五新聞三四〇二号一〇頁）。本件でも、被害者のポケットに金銭を所持していたかどうかは判文からは不明であるが、しかし判旨は具体的危険説の基準に従ったものといえよう。③　被告人は、金品をすり取る目的で、本件電車乗客Aの着用する洋服上衣ポケット内から手指を用いて給料袋（現実には空袋）を若干外に引き上げたという事案で、「たとえ本件の場合たまたま右ポケット内に財物たるに値する物がなかったとしても、右被告人の行為は、一般的に金品窃取の結果を来たす危険のある

定型的行為であるから、窃盗の実行に着手しこれを遂げなかったものと解すべきは当然であって、所論のように不能犯と解すべきものではない」とした事案もある（東京高判昭和二八・九・二八高刑判特三九号一〇八頁）。これもまた、具体的危険説の基準に従ったものということができよう。④犯人が被害者着用のオーバーのポケットから金員をすり取ろうと企て、手を差し入れ金員が在中するものと考え紙片を取り出したが、それが数枚のちり紙で金員が在中しなかったため金員窃取の目的を遂げなかったが、被告人が手を差し入れた右ポケットではなく、実は左の外ポケットに金員を入れていたため難を免れたという事案で、「通常人が外出に際し金員を所持することは一般の事例であるから、たまたま被害者が犯人の目ざした個所に金員を入れていなかったからといい、これを以て窃盗の不能犯と論ずべきではなく同罪の未遂罪を以て断ずべきである」として、これもまた具体的危険説的発想が看取される（福岡高判昭和二九・五・一四高刑判特二六号八五頁）。

さて、われわれの立場からは、空ポケットの諸事例をいかように解決すべきであろうか。われわれは、事後判断の立場に立つ以上①②の財物存在の不明な場合は判断を下しえないが、③のケースでは不能犯の可能性がありえようし、④のケースでは狙われた右ポケットではなく、左のポケットに金員が存在していた以上、左ポケットに対する現実的危険性（危険領域性）を認めて「相対不能」として窃盗未遂を肯定してもよいであろう。空ポケットの諸事例については、以上のような帰結となる。[37]

次に、手段（方法）の不能に関するケースを検討することにしたい。

二　手段（方法）の不能

（一）　硫黄による殺人企行

〈事実の概要〉

被告人Xは、Aと通じてその内縁の夫であるBを殺害しようと共謀し、硫黄粉末五グラムを密かに汁鍋中に投入し、夕食の際AがBに飲ませ、さらに数日後Xは硫黄粉末を混入した水薬をBに飲ませたが、疾苦を増しただけで予期の効果を生じなかったので、翌日Bを絞殺し其の殺害の目的を達した。

本件につき、被告人側は、硫黄粉末を含んだ汁又は水薬を飲ませたのは接続せる殺害行為の一つに外ならざるものにして、原判決が傷害罪の法条を適用したるは違法であるとして上告した。

〈判旨〉　上告棄却。

「殺意を以て二箇の異なれる殺害方法を他人に施したる処第一の方法を以てしては殺害の結果を惹起すること絶対に不能にして単だ他人を傷害したるに止まり第二の方法を用い始めて殺害の目的を達したるときは右二箇の行為が孰れも同一の殺意に出でたりとするも第一の方法に依る行為が殺人罪として純然たる不能犯に属する場合に於ては殺人罪に問擬すべからざるは勿論にして若し又該行為の結果が傷害罪に該当するに於ては殺人罪としては不能犯なるも傷害罪を以て之を処断すべく第二の方法に依る殺人罪の既遂と連続犯の関係を有する殺人罪の未遂を以て論すべきに非ず」とした（大判大正六・九・一〇刑録二三輯九九九頁）。

本件は、大審院が初めて不能犯を認めたあまりに有名な手段（方法）の不能の事例である。すなわち、硫黄粉末を用いて毒殺しようとしたが、その手段は殺害方法としては絶対不能として不能犯を認めたものである。もっとも、殺人罪としては絶対不能であるが傷害罪の成立を肯定している。ミッターマイヤーも、以下のように述べている。「使用された物質がいかなる状況のもとでも上述の意味における毒に算入されず、あるいは一定の異常な諸状況のもとでその物質が健康を毀損しうるが、しかし個々の事例で行為者の行為態様によれば、この状況が根拠づけられうるということが示されないような場合には投毒の未遂は処罰されない。(38)」と。もっとも、主観説の立場からは勿論(39)、具体的危険説の立場からは不能犯を認めることができるかどうかは不明である。すなわち、事前の一般人の立場から結果発生の危険性を判断する具体的危険説からは、本件事案はその判断が分かれうるように思われるからである。やはり、事後の観点から性質上致死の効果を持たない硫黄粉末を施用して殺害することは「絶対不能」として、本件大審院の判断は正当なものだといえよう。

（二）　空ピストル事件

既に本件については若干触れておいたが、事実のやや詳しい概要をここで紹介し、検討を加えておきたい。

〈事実の概要〉

被告人Xは、深夜に巡査Aから公務執行妨害の嫌疑で緊急逮捕されるに際し、逃走しようとして同巡査と格斗したが、同巡査から捻じ伏せられて手錠を掛けられそうになるや突差に同巡査を殺害して逃走しようと決意し、同巡査が右腰に着装していた拳銃を奪取し、直ちに同巡査の右脇腹に銃口を当て、二回にわたり引鉄を引いたが偶々実

弾が装てんされていなかったので殺害の目的を遂げなかったというものである。

関係証拠によると、同巡査Aが多忙のためたまたま当夜に限り、たまを拳銃に装てんすることを忘却していたことによるものであった。

〈判旨〉　控訴棄却（確定）。

「制服を着用した警察官が勤務中、右腰に着装している拳銃には、常時たまが装てんされているべきものであることは一般社会に認められていることであるから、勤務中の警察官から右拳銃を奪取し、苟くも殺害の目的で、これを人に向けて発射するためその引鉄を引く行為は、その殺害の結果を発生する可能性を有するものであって実害を生ずる危険があるので右行為の当時、たまたまその拳銃にたまが装てんされていなかったとしても、殺人未遂罪の成立に影響なく、これを以て不能犯ということはできない」として、殺人未遂を認めた（福岡高判昭和二八・一一・一〇高刑判特二六・五八頁）。

本件は既に述べたごとく、いくら勤務中の警察官の拳銃であって、実弾入りとみられようとも、「空ピストル」で人を射殺することは「絶対的に不能」な手段であって、不能犯を認めることに何の疑念もないといえよう。本件を殺人未遂とする見解の一切は、「空ピストル」という事実を「実弾入りピストル」に抽象化し観念化するものであって、それは決して許されないものと云わざるをえないことは、すでに十分論ぜられたものと思料する。

(三)　空気注射事件

〈事実の概要〉

(犯行までの経緯)　被告人は、農業の傍ら、金融媒介、食堂経営などしていたが、昭和三三年一月頃ひそかに自己の姪(実兄の遺子)にあたり、遺伝梅毒のため鼻も欠けたA子(多少精神能力が劣っている)に、保険金をかけ、昭和三四年三月頃から右保険金を取得しようと考え、自己の世話している相被告人甲(ただし、一審係属中に死亡)とも相談してむしろA子を自動車でひき殺し事故死を装い倍額の保険金を取得しようとすら企てるにいたった。そこで甲は、同月上旬頃自宅に出入りしている自動車の運転もできる相被告人乙に右計画を打ち明けて、「金になるからA子を自動車でひき殺して貰いたい。」旨たのんだ。これを聞いた乙は、これを種に被告人らから金を喝取しようと考えて引き受けたものの自動車運転の免許がなかったので、その頃友人の相被告人丙にその情をあかして自動車の運転をたのんだところ、丙も生活に困っていたのでこれを引き受けるにいたった。ところが、A子をなかなか連れ出すことができなかったので、被告人と甲、乙の三名は、同月二八日に乙の出入りしていた市会議員選挙立候補者其の選挙事務所に集まって、同月三〇日施行の右選挙の投票に名をかりてA子を連れ出し計画を実行しようと相談を遂げ、早速翌二九日に被告人と乙が選挙運動にかこつけ手土産を持ってA子方をたずねたが、A子がたまたま人影のない近くの麦畑で草取りをしているのを発見し、急にA子の静脈内に空気を注射していわゆる空気栓塞をおこさせてこれを殺害することに計画を変更し、直ちに甲に連絡して二〇cc用注射器一本と五ccアンプル入蒸留水一本を購入届けさせ、急いで右麦畑に引きかえしたうえ、被告人においてA子をだまして注射を承諾させ乙において注射しようとしたところ、折から通行人があったためやむなく中止し、計画を再び自動車でひき殺すことにしてその

場を引きあげた。その後A子を連れ出せないまま日を送っていたが、同年五月六日になってA子が毎日畑に出ていることがわかったので、被告人と乙は、甲方に集まり三名で相談した結果、翌七日に右空気注射の方法を実行に移すこととし、その分担は、被告人がA子の所在を確めて来て乙らを現場へ案内する、乙はA子に注射し丙がこれを補助する、甲は死亡診断書を入手するなど善後策を講ずることなどを共謀決定し、乙が即日丙にこの旨を連絡した。

（実行行為）　翌七日朝被告人らは、甲方に参集したうえ、被告人を先発させ、その後甲、乙、丙は、某所でA子の所在を確めて来た被告人と落ち合ったが、甲は結果をまつためその場から引きかえし、前記注射器と蒸溜水を持った乙、丙は被告人の案内を受けて同日午前中にA子が一人で草取りをしている犯行現場の桑畑に着き、被告人は事の発覚をおそれて直ちにその場から引きかえし、乙は、早速用意してきたパンを与えるなどしてA子の疾患の治療であるかのようにだまして注射を承諾させ、丙にA子の腕を持たせたうえ、右注射器でA子の両腕の静脈内に一回ずつ蒸溜水とともに空気合計三〇ccないし四〇ccを注射したのであるが、致死量にいたらなかったため殺害の目的を遂げなかったものである。

〈判旨〉　上告棄却。

「原判決並びにその是認する第一審判決は、本件のように静脈内に注射された空気の量が致死量以下であっても被注射者の身体的条件その他の事情如何によっては死の結果発生の危険が絶対にないとはいえないと判示しており、右判断は、原判示挙示の各鑑定書に照らし肯認するに十分であるから、結局、この点に関する所論原判示は、相当というべきである。」として、殺人未遂罪を認めた（最判昭和三七・三・二三刑集一六・三・三〇五頁）。

さて、本件につき、空気栓塞による致死量は、古畑鑑定によれば七〇cc以上とされ、中館鑑定によれば三〇〇cc内外であるとされているので、三〇ccないし四〇ccの空気を注入しただけでは通常人を死に至すことはできない。しかし、専門家（医師）であれば、事前的にも事後的にも致死量に至らないということは認識可能な場合であったといえよう。しかも、一般通常人が考えるように、注入された空気がそのままの形で血管内に入ると考えるのは、単なる憶測の域を出ないものであり、注入された空気は泡となって拡散されるのである。さらに、弁護人の上告趣意によれば、中館鑑定による三〇〇ccの致死量というと、一〇〇cc注射器という大きな注射器で二、三本を打たねばならないが、通常の注射液とちがって抵抗も強く、被注射者が意識不明の状態でなければ空気注射はできない。また、古畑鑑定による七〇ccであっても、五〇cc用という大きな注射器を二度使わなければならないが、この程度の注射は、被害者の意識不明を必要とする。しかも、注射薬とともに空気を注射したかのように取り扱わねば出来ないので、そうすると、注射器中の空気の量はさらに減ずるし、五〇cc、一〇〇cc用の大きな注射器に五cc、一〇ccの小量の注射薬を入れる非常識もできない。このように考えると、致死量といい、致死量以下というも、それは量による差ではなく、質的な差であるといわねばならない。このようにみると、空気注射は、それだけでは絶対に致死量を注射しえないのである等と述べられている。しかも、本件の場合は、自動車で引き殺そうと当初計画していたのであり、急遽計画を変更して空気注射による空気栓塞による殺害という極めて特異な方法により殺害しようとした、いわば無計画な殺害方法であったという点も考慮すべきであろう。専門家（医師）の目から見れば、事前的にも事後的にも三〇ccないし四〇ccの空気注射で、被害者である若い女性を殺害することは絶対的に不能な手段であって、また、裁判時の人類の全経験的知識（医学上科学上の認識）に従っても、結果発生の高度の可能性は無

かったものといわねばならない。いわば思いつきの杜撰な殺害計画の実行をもって、殺人未遂を肯定することはできないのである。本件の空気注射は、絶対に不能な手段であって、われわれの立場からは、不能犯とせざるをえないのである。本件では、いわば一般通常人の俗信にしたがって、殺人未遂を肯定したものといわなければならない。

(四)　不真正な原料による覚せい剤の製造

〈事実の概要〉

被告人Xは、常習として、かつ営利の目的で、他の九名と共謀の上、フェニルメチルアミノプロパン、カフェイン、アンナカ、食塩、水等を混入して溶解させ覚せい剤を製造しようとしたが、これに用いた原末が真のフェニルメチルプロパン、又はフェニルメチルアミノプロパンを含有していなかったので、覚せい剤を製造することができず、その製品全部を廃棄した。以上の事実につき一審は覚せい剤を製造したものとして罪に問うたが、被告人側が一審判決の事実誤認を主張して、控訴した。

〈判旨〉　破棄自判。

原判決の挙示する(覚せい剤製造に関する)「右四個の事実については、一応所定の製造工程を経て製品を製造したけれども、これに用いられた原末が真のフェニルメチルプロパン、又はフェニルメチルアミノプロパンを含有していなかったので、その製品全部を廃棄したことがうかがわれ、記録に現われた爾余の証拠をもってしても、覚せい剤を製造したものとの事実を認めるに足りない。しかも右のように覚せい剤の主原料が真正の原料でなかったた

め、覚せい剤を製造することができなかった場合は、結果発生の危険は絶対に存しないのであるから、覚せい剤製造の未遂罪をも構成しないものというべきである。」（東京高判昭和三七・四・二四高刑集一五・四・二一〇頁）。

本判決は、覚せい剤製造に用いた主原料が真正な原料でなかったという方法の不能が問題となった事案につき、覚せい剤製造の結果発生の危険は絶対に存しないとして、絶対不能として不能犯を認めた事案であり、けだし妥当な判決であると思料される。手段の「絶対不能」を認めて不能犯とした点は、旧客観説を認めたものとしてその評価は極めて正当な判決といえよう。

（五）一般線引小切手事件

〈事実の概要〉

被告人Xは、公衆電話ボックス内において、他人が遺失した金額五万円の小切手一通を拾得したが、警察に差し出すなどしないで、ほしいままに自宅に持ち帰り、後日に拾得した小切手の裏面に行使の目的をもって、黒のボールペンを用いて「中野区東中野一の五の三大高守」と記入し、その名下に、かねて拾得した大高と刻した印鑑を押印して、同小切手の支払人たるA銀行に対する小切手金額の受領証書としての裏書きをなし、同銀行B支店預金窓口係に提出した。しかし、窓口係により、既に紛失届が出されている小切手であることを発見されたため、金員騙取の目的を遂げなかった。

Xは、遺失物横領、私文書偽造、同行使、詐欺未遂で起訴された。ここでは、詐欺未遂についてのみ問題とする。

〈判旨〉　本判決は、詐欺未遂について以下のような理由で無罪とした（確定）。

「本件小切手は小切手法三七条三八条にいう一般線引小切手であって、一般線引小切手は支払人たる株式会社A銀行B支店において銀行に対し又は『支払人の取引先』に対してのみこれを支払うことを得るもの（同法三八条一項）であるから、被告人が『支払人の取引先』であることを装わないかぎり、該小切手の換金化は通常不能であって、一般線引小切手の正当権限者たることを装う詐欺手段としては、単に裏書をし小切手を提出して正当な所持人であることを装うだけでは支払人を欺罔することが定型的に不能であるというべく、刑法二四六条一項の罪には当たらないと解すべきである。」（東京地判昭和四七・一一・七刑月四・一一・一八一七頁）。

一般線引小切手(40)とは、小切手の表面に二本の平行線が引かれた小切手のことであり、これは持参人払式のものとは異なり、支払人において銀行に対しまたは支配人の取引先に対してのみ支払うことができるものであり、この線引は、小切手が盗難や紛失にあったとき、無権利者に支払われるのを防ぐことが目的とされている。本判決では、「正当な所持人であることを装うだけでは支払人を欺罔することが定型的に不能」としていることを捉えて、西山教授は「判例の大筋は絶対的・相対的不能説と具体的危険説の中間に位置する定型説と思われるが、本件の事例は定型説がもっともよくその特性を明確に示し」た好個の例として総括されているが(41)、はたしてそうであろうか。既述のように一般線引小切手は、持参人払式のものとは異なり、銀行と相当期間継続的に取引があり身元が判明している取引先でなければ換金は絶対に不能であって、「絶対不能・相対不能」区別説からも絶対不能のケースとして解することは困難ではない。

(六)　ピースかん爆弾事件

〈事実の概要〉

被告人Xは、昭和四四年の「国際反戦デー」に際し、治安を妨げ、かつ、人の身体、財産に危害を加える目的をもって、煙草のピースのあきかんにダイナマイトを詰め、これに工業用雷管に、末端に接着剤をつけた導火線を差し込んで接着させたピースかん爆弾を製造し、警察庁第八、第九機動隊庁舎正門前道路の向かい側歩道上から、導火線に点火した同ピースかん爆弾一個を、警察官らが立番中の正門めがけて投げつけたが、爆発しなかったというものである。

ところで、爆発しなかった原因については、導火線の末端部分に接着剤をつけて、雷管の底面ないし内壁に接着させようとした結果、接着剤が導火線末端の黒色火薬にしみ込み、それによって黒色火薬が湿りあるいは固化して燃焼しなくなり、導火線の燃焼がこの部分で中断したためであることが認定されている。この投てき行為につき、Xは爆発物取締罰則一条の爆発物使用罪で起訴された。一審（東京地判昭和四八・一〇・一三高刑集二七・五・四五五頁）は、同罰則一条にいう「使用」の意義につき「爆発物を爆発すべき状態におくことをいい、現実に爆発することは必要でない」という従来の判例の立場を踏襲しつつも、本件ピースかん爆弾は導火線に欠陥があったため、導火線に点火して投げつるという方法では絶対的に爆発しないものであるから、本件ピースかん爆弾を使用したものとはいえないとし、その先例として東京高判昭和二九・六・一六東高刑時報五・六・二三六頁の手榴弾事件を挙げている。

ところで、この手榴弾事件とは元陸軍の軍用兵器である九一式手榴弾で、これを昭和二〇年一二月頃買い受けた者が、その発覚を恐れて箱に入れて永らく地中に埋没していたが、昭和二四年一二月に地中から掘り出したもので

あるが、「円筒内の主爆薬たるピクリン酸は格別変質してはいなかったけれど点火雷管と導火線との結合も悪く又導火線自体が湿気を吸収して質的変化を起しそのため手榴弾本来の性能を欠いており、たとえ安全装置を外し撃針に衝撃を与えても爆発力を誘起し得ないもので、これを爆発せしめるは工業用の巨大なハンマーを使用し急激な摩擦を与えるか或は摂氏二〇〇度以上の熱を加えるに非ざれば到底不可能であると認められる」とし、かような「手榴弾たる性能を失い単に鉄筒内に爆薬があるだけのものを、手榴弾としての普通の用法に従い安全栓を外し、撃針に衝撃を与えて投げても爆発させることができず、従ってこれを以って爆発物を使用したものということはできず、「その目的とした危険状態を発生する虞はないわけであり爆発物取締罰則第一条」の成立する根拠なく単に爆発物を所持した罪が成立するのみとして、同罪使用罪を否定したものである。すなわち、本件手榴弾事件に沿った形で爆発物取締罰則一条の使用罪の成立を否定したものである。

これに対して検察官が控訴したが、二審判決（東京高判昭和四九・一〇・二四高刑集二七・五・四五五頁）は、導火線を工業雷管に接続するために用いた接着剤が導火線の心薬である黒色火薬に浸透したため、点火しても燃焼が中断し工業雷管を起爆させることのできない本件ピースかん爆弾の導火線に点火して投てきした行為は、爆発物取締罰則一条にいう爆発物の「使用」に当たらないとして、本件爆弾は、「絶対に爆発の危険性がないものであった」として、控訴を棄却した。検察官は再度多岐にわたる上告趣意をもって上告した。

〈判旨〉　破棄差戻し。

「ところで、爆発物取締罰則一条にいう爆発物の使用とは、一般的に治安を妨げ、又は犯人以外の人の身体若し

くは財産を害するおそれのある状況の下において、爆発物を爆発すべき状態におくことをいい、現実に爆発することを要しないものと解すべきところ……、被告人らの本件行為が、同条の構成要件的行為である爆発物の使用、すなわち『爆発の可能性を有する物件』を『爆発すべき状態におく』ことに該当するかどうかは、単に物理的な爆発可能性の観点のみから判断されるべきではなく、本条の立法趣旨、罪質及び保護法益を考慮しつつ、『使用』について前記解釈をとり、本件爆弾の構造上、性質上の危険性と導火線に点火して投げつける行為の危険性の両面から、法的な意味において、右構成要件を実現する危険性があったと評価できるかどうかが判断されなければならない。」

「これを本件についてみると、前記説示の事実関係を前提とすれば、本件爆弾には原判示のような欠陥はあったものの、これは基本的構造上のものではなく、単に爆発物の本体に付属する使用上の装置の欠陥にとどまるものであるから、法的評価の面からみれば、導火線に点火して投げつけるという方法により爆発を惹起する高度の危険性を有するものと認められ、したがって、被告人らが爆発物取締罰則一条所定の目的で、本件爆弾の本来の用法に従い、これを爆発させようとして導火線に点火して、警察官らが立番中の第八・第九機動隊の正門にめがけて投げつけた行為は、結果として爆発しなかったとしても、爆発物を爆発すべき状態においたものであり、同条にいう『爆発物ヲ使用シタル者』にあたると解すべきである。しかるに、原判決は、本件爆弾の導火線に補修を施さない限り、そのままでは点火して投てきしても物理的な爆発可能性の状態におくことができないものであった点をとらえて、第一審判決が被告人らの本件行為は同条にいう『使用』に該当しないとした判断をたやすく是認しているのである。してみると、原判決は、右の点において判決に影響を及ぼすべき法令の解釈適用を誤った違法があるもの

で、これを破棄しなければ著しく正義に反するものと誤められる。」としたのである（最判昭和五一・三・一六刑集三〇・二・一四六頁）。

さて、本件ピースかん爆弾投てき行為につき、一審も原審も「使用」にあたらないとしていたのが、本判決でその見解を変えたのであるが、その理由は「本件行為当時、被告人は、導火線を工業用雷管に取り付けるに際して接着剤を使用することが燃焼中断、不爆発の原因となることは全く予想しておらず、かえって接着剤によって導火線が雷管に一層強度に固定され、したがって、導火線に点火すれば確実に爆発する構造、性質であると信じており、また、一般人においてもそのように信ずるのが当然である」ということを根拠とする。しかも、物理的・科学的な観点からではなく法的な規範的な評価に基づいて判断しているのである。これは、まさに具体的危険説によって判断していると云わざるをえない。すなわち、行為者の主観的な確信、一般人の事前の危険判断、規範的評価ということを強調していることでうかがい知ることができるのである。やはり、事後的・物理的・科学的判断からは、「絶対不能」のケースといってよいのであって、一審および原審がその用語こそ使用していないが、「使用罪」としては絶対不能であって、不能犯とするのが妥当であろう。なお、本件判決につき「本判決は、暗黙的に『不能犯の法理』を適用し、絶対・相対不能説と具体的危険説の中間項のあたりで判断しているものと評価でき、結論的には賛成できる。」（奥村[42]）とは決していえないのであり、中間的解決というものはありえない。本件は、すでに挙げた昭和二九年の東京高判の軍用兵器である手榴弾事件のように、物理的・科学的検討をなさず、行為者や一般人の危険感を基礎にしたまさに具体的危険説に依拠するものであって、われわれの立場からすれば一審・原審同様「使用

罪」は成立せず、絶対不能のケースといえよう。

（七）　天然ガス漏出事件

〈事実の概要〉

被告人X女は、無言電話等の嫌がらせに悩まされるなどして将来を悲観したことから、小学生の長女Aおよび次女Bを殺害して自らも死のうとの一家心中を図り、被告人方勝手場兼寝室において、右A・B両名を部屋の中で寝かしつけたうえ、ガス元栓が開放状態になっているガスコンロのゴムホースを引き抜き、さらに、玄関ドア及び奥六畳間出入口のガラス戸の隙間をガムテープで目張りするなどして締め切り、都市ガスを室内に充満させ、両名を殺害しようとしたが、被告人X女を訪ねてきた友人に発見され、殺害するに至らなかった。

弁護人は、被告人が漏出させた都市ガスは天然ガスであって、一酸化炭素を含んでいないから人体に無害であり、不能犯である旨主張した。

〈判旨〉　有罪（確定。殺人未遂で懲役二年六月、保護観察付執行猶予四年）。

「本件で被告人が漏出させた都市ガスは天然ガスであり、天然ガスには一酸化炭素が含まれていないから、これによる中毒死のおそれはないと認められるけれども、他方、前掲証拠によれば、この都市ガスの漏出によって室内の空気中のガス濃度が四・七パーセントから一三・五パーセントの範囲内にあった際には、冷蔵庫のサーモスタットなどの電気器具や衣類などから発する静電気を引火源としてガス爆発事故が発生する可能性があったのであり、さらにガス濃度が高まれば、室内の空気が都市ガスに置換されることにより酸素濃度が低下して酸素欠乏症となる

こと、すなわち空気中の酸素濃度が一六パーセント以下になれば、人体に脈拍、呼吸数増加、頭痛などの症状が現われ、酸素濃度が一〇パーセントから六パーセントを持続するか、またはそれ以下になれば、六分ないし八分後には窒息死するに至ることが認められるのであるから、約四時間五〇分にわたって都市ガスが漏出させられて室内に充満した本件においては、ガス爆発事故や酸素欠乏症により室内における人の死の結果発生の危険が十分生じうるものであることは明らかである。そのうえ、本件において被告人自身が自殺の用に都市ガスを供したこと、判示犯行の発見者であるCは、ドアなど内側から目張りがされているのを見、さらに、被告人ら親子三人が室内で川の字に寝ているということを聞いたとき、被告人がガス自殺を図ったものと思ったと供述し、被告人宅の家主であるDは室内に入った後、親子三人の中のいずれかの頭部付近が少し動いたのを見て、まだ死んでいないなと思ったと供述していることなどに照らすと、一般人はそれが天然ガスの場合であっても、都市ガスを判示のような態様をもって漏出させることは、その室内に寝ている者を死に致すに足りる極めて危険な行為であると認識しているものと認められ、従って社会通念上右のような行為は人を死に致すに足りる危険な行為であると評価されているものと解するのが相当である。さすれば、被告人の判示所為は、到底不能犯であるということはできない」とした（岐阜地判昭和六二・一〇・一五判タ六五四号二六一頁）。

さて、本件では前半部分の本件天然ガスの毒性はないとしつつも、その濃度によってはガス爆発事故や窒息死の蓋然性が高いが故に、人の死の結果発生の危険性に言及している点を捉えて、殺人未遂を肯定した点は、客観的危険説の立場からも、「相対不能」として殺人未遂を認めてもよいと考えられる。ただし、後半部分の本件のような

態様で都市ガスを漏出させることは、たとえ天然ガスであっても一般人において室内に寝ている者を死に到すに足りる極めて危険な行為であると評価され、したがって社会通念上人を死に致すに足りる危険な行為と評価されるという部分は、具体的危険説に依拠した説示と見られるのであって、この点は不適切な説示であったと思われる。現実に漏出させたガスである天然ガスが「判断基底」に置かれるべきであって、天然ガスによる死の高度の危険性の肯定でもって十分に足りるものというべきである。その点で、後半部分は、われわれの立場からは不要かつ不適切なものであって、天然ガスによる死の危険性の言及のみで十分であり、「判断基底」はあくまでも天然ガスの漏出という事実でなければならない。そのかぎりでのみ、殺人未遂を肯定すべきであると思料する。

(36)　曽根『現代刑法論争　Ⅰ〔第二版〕』（勁草書房　一九九七年）二八二頁。
(37)　曽根教授も以下のように述べられている。空ポケット事例の④に関し、「客観的危険説によっても未遂を認めることができるのではあるまいか。本件の場合、いずれにしても甲は財布を所持していたわけで、法益侵害の現実的危険が認められるから、客体の絶対不能とみることはできない。これに反して、甲が財布を持ち合わせていなかった場合は、他に財産的価値のある物を所持していたときは格別、およそ占有侵害の危険性はなく不能犯となる。具体的危険説は、この場合も、窃盗未遂を認めるであろう。設例のような状況の下では、甲が財布を所持していることは、通常の事態と考えられるからである。しかし、『ありえた財物』にまで客体を抽象化することは、法益侵害の現実的危険のないところに犯罪の成立を認めるものであって、適当とは思われない。」曽根『論争Ⅰ』前掲注（36）二八三頁。
(38)　振津「ミッターマイヤーの不能犯論」前掲注（2）一〇七頁。
(39)　牧野英一『刑法研究　第二』（有斐閣　一九二一年）八四頁以下。
(40)　一般線切小切手とは、「線引小切手の一種で、小切手の表面に二本の平行線を引いた小切手のことをいう。……支払人（銀行）

が支払・取得・取立委任することができる相手方が、『銀行』または『自己の取引先』に限定される（小三八Ⅰ・Ⅲ）。このように限定されることによって、小切手の安全性が保護される。この規定に違反した銀行はそのために生じた損害につき、小切手金額に達するまで損害賠償責任を負う（小三五Ⅴ）。ここでいう取引先とは、銀行と相当期間継続的に取引があり身元が判明している取引先のことをいう。」『コンサイス法律学用語辞典』（三省堂　二〇〇三年）五〇頁。

（41）　西山富夫『昭和四八年度重要判例解説』一二七頁。

（42）　奥村正雄「爆発物取締罰則一条の『使用』の意義と不能犯の法理」（同志社法学一五一号　一九七八年）六四頁。なお、本件第一・二審判決に対し、具体的危険説に依拠して批判する者としては、鎌原俊二「爆発物使用罪と不能犯」（警察研究四六巻五号一九七五年）五四頁。

第四節　おわりに

以上、われわれの見解およびわが国の判例の状況を検討してきたが、これに洩れる重要判例も多々あるものと考えるが、われわれの立脚する立場から判例を検討すれば以上のごとく分析することができる。他の判例も同様の手法で解決可能かと思われる。現実に実在した事実がまさに「判断基底」に入るのであって、決して一般人ないし社会通念によって事実を抽象化してはならない。また、規範の構造論からする行為無価値論を展開することも厳に戒めなければならない。それ故、一般人の判断や社会通念で人を刑罰に陥れることは、まさに社会正義に反することであって、刑罰権の濫用である。現実に生起した事実のみこそが重要なのであって、客観的「事実」を「観念」に置きかえることはできないのである。

第六章　主観的不法要素全面的否認説の再評価

第一節　はじめに

今日、通説的に語られている犯罪論体系の定義として、「構成要件に該当する、違法かつ有責な行為である」というのはきわめて周知の事実である。もっとも、ベーリングの犯罪の定義としては、「犯罪とは、構成要件に該当する、違法で、有責な、それに相応する法定刑のもとに置くことができ、また、法定刑の条件を充たす行為である[1]」（傍点、原文隔字体）というものであり、現在の処罰条件も定義に含まれていたのである。

さて、このベーリングによって一九〇六年に導入された「構成要件」は、記述的・客観的・没価値的なものであり、その後の理論的展開は違法性を導入し、実質化され、規範的・主観的要素を大巾に含むものとなっていったのである。ここで、とくに主観的構成要件（違法）要素を含めていくことは、「違法は客観的に、責任は主観的に」というテーゼを維持していこうとする伝統的な「客観的違法論」を首尾一貫して貫徹させていこうとするならば、主観的違法要素というものは、客観的違法性にとっては異物であり、その点が問題となる。かようにして、ここで

「主観的違法要素」というものについて再検討されるべき根拠と理由があり、これを初心にかえって再検討されるべき契機が存在するのである。その際、従来の私見を含めて、(2)「主観的不法要素」の問題を再度検討の対象にすべきと思料するものである。

さて、本問題の淵源は、周知の「主観的違法論」か「客観的違法論」かという問題から始まる。「客観的違法論」を確立したとされるメッガーの一九二四年の論文は、皮肉にも「主観的不法要素」というタイトルの論文であった。本稿でメッガーは、以下のように主張していた。「法が『決定規範』(のみ)か、あるいは『評価規範』で(も)あるのかどうかという問題にとっても妥当する。けだし、この問題はいずれにせよ、まず認識的法概念に関する問題であり(19ff.)、規範的法理念に関する問題ではなく(24ff.)、『存在(Sein)』に関する問題であって、法の『当為(Sollen)』に関する問題ではない。そして、その答えは無条件に明らかである。『決定規範』としての法は『評価規範』としての法なくしては、まったく『思考可能』ではなく、評価規範としての法は決定規範としての法の絶対的な論理的前提である。人が予め評価規範として把握することなしに、法を決定規範として把えようとするなら、その考察の一切の基礎が否定されるということを意味しよう。けだし、だれかに何事かを『決定し』ようとする者は、彼がその者に規定しようとする何ものかを予め知っていなければならない。彼は、一定の積極的な意味において、かの何事かを『評価し』なければならない。決定規範としての法の論理的前提(Prius)は、どこでも評価規範としての、すなわち『客観的生活秩序』としての法なのである。この批判的認識は、A・メルケルとその依拠者の理論においては失損している。法の認識的存在考察にとって、すなわち、法概念の確定にとって、評価規範としての法をア・プリオリーな必然性として把えることが明らかとなる。(3)」さらに、以下のようにも云う。「法の本質か

ら、不法の本質が生ずる。不法は、評価規範としての法の矛盾であり、法的に是認される状態の変更、ないし法的に否認される状態の招来であって、状態の法的に否認される変更ではない。犯罪は、それが違法性を惹き起こすことで違法なのである(4)」と。

すなわち、違法性は法の評価規範に違反することであり、法的に是認される状態の変更、ないし法的に否認される状態の招来であり、簡潔に言えば、法益の侵害・危険が違法性であるということを、まず確認して、これを前提として論を進めることにしたい。

（1） *Ernst Beling*, Die Lehre vom Verbrechen, 1906, S.7.
（2） 振津隆行「主観的不法要素全面的否認説の検討」（『中山研一先生古稀祝賀論文集』（第三巻）（成文堂　一九九七年）一五七頁以下。
（3） *Edmund Mezger*, Die subjektiven Unrechtselemente, Gerichtssaal, Bd. 89, 1924, S.240f.
（4） *Mezger*, Unrechtselemente, [Anm.3], S.245f.

第二節　特殊的主観的不法要素

メツガーは、上掲の論文で、しかしながら以下のようにも主張する。「一切の主観的不法規定の排除は、維持しえない。不法は、原則的に客観的な利益侵害である。だが、それとともに、この利益侵害がつねに他人の利益に反して向けられた者（Wendenden）の『主観的』意思方向と独立に規定すべきであろうということは述べられない。

繊細で複雑な人間の利益追求（Interessensspiel）は、そのように粗雑かつ外面的に把えられるものではない。最大利益満足の原則それ自体は、却って主観的要素をともに顧慮することを要求するものである。[5]」として、主観的不法要素の必要性を述べるのである。

そこで、まず第一に、従来、特殊的主観的不法要素とされてきたもの、次いで、一般的主観的不法要素（故意）とされてきたものについて、再検討を加えることにする。

一　目的犯の場合

目的犯といっても二種類のものが存在することについては、かつてから認識されてきている。一つは「結果を目的とする犯罪（Erfolgsabsichtsdelikte）」といわれるもので、外部的行為が目的内容たる結果の原因と考えられるような場合（原因・結果関係）であり、もう一つは「後の行為を目的とする犯罪（Nachaktsabsichtsdelikte）」といわれるもので、外部的な行為が行為者自身または第三者の新たな行為の手段として意欲される場合（目的・手段関係）である。

そこで、まず「結果を目的とする犯罪」、次いで「後の行為を目的とする犯罪」について、若干の再検討を加えることにしたい。

(一)「結果を目的とする犯罪」

これについては、つとに佐伯博士が「外部的行為が目的内容たる第二の結果の客観的原因となる目的犯」において、内乱罪、詐欺破産罪、背任罪等を挙げられ、これらの場合の目的が行為の法益侵害性を左右すると考えることには疑いがあるとされ、目的を客観化し行為自体が目的内容を実現する可能性を客観的に有したことを要求すると

解釈すべきではあるまいか[6]」、とされていた。浅田教授も、内乱罪に関し、「目的を客観化して、行為自体が目的内容を実現する可能性（危険）を有することを要するとし、その認識を故意とすることによって、主観的違法要素は否定されることになる[7]」とされている。さらに、平野博士も誣告罪における「人をして刑事または懲戒の処分を受けしめる目的」という主観的要素も、このような処罰を招く危険のある場合に限られ、それを認識して申告したときに処罰するのであり、この条文も実は「人をして刑事又は懲戒の処分を受けしむるおそれのある虚偽の申告をした」と読むべきであり、これらの目的は故意を確定的故意に限定したものであって、主観的違法要素ではないとされたのである[8]。同様に浅田教授も、「虚偽の申告自体が客観的に処罰を招く危険のある行為であり、それを認識して申告したときに処罰するというのであれば、その認識は故意であって主観的違法要素ではない[9]」とされているのである。さらに、中博士も、この種の目的犯においては、外部的行為が目的の内容とされている結果の客観的原因となるような危険性を含むものであれば足り、これと離れた単なる主観的目的の有無によって類型的不法の存否を決することは不当であると思われる。このかぎりにおいては、主観的要素を客観的要素に転換して把握することはきわめて妥当であるといわざるをえない[10]、などとする有力説が唱えられているのである。なお、中山博士の否認論は、「行為から結果が発生する危険を行為者の主観と関係なく客観的、外部的に論定すべきものである[11]」とする立場からの主張である。

以上のように、「結果を目的とする犯罪」に関するかぎりでは、批判的有力説とその論拠を異にするとはいえ、全面的否認説を採られる中山・内藤博士、浅田教授と結論的な一致がみられるのである。しかし、次の「後の行為を目的とする犯罪」では、全面的否認説と批判的見解との間に重大な相違が看取されるのである。

(二)「後の行為を目的とする犯罪」

これについても、つとに佐伯博士が、「他の目的犯にあっては客観的要素たる態度は、行為者自身または第三者の側からの新たなる行為の手段または地盤として意欲される」ものであり、その例として各種の偽造罪、逃走罪、略取誘拐罪、窃盗罪等、また各種予備罪などを挙げられ、「その最もよい例は通貨偽造・文書偽造・有価証券偽造・印章偽造罪などの『行使ノ目的ヲ以テ』偽造変造するという場合である。[12]」「これらの犯罪においてはツィンマールがなしたように客観化して、行為自体の傾向が目的実現に向っていることを要するという風に考えることはできぬ。けだし目的内容は正に自己または他人の行為であり、外部的行為に内在する一般的傾向または可能性の包含しうる以上のものであるからである。この目的は行為の違法性・危険性を理由づける主観的違法要素である。けだしかかる行為者の目的が加わることにより、その外部的行為はあるいは始めて法秩序に対する危険性を帯びまたはすでに帯びていた危険性を増大すると考えられるからである。[13]」とされる。また、平野博士も、「たとえば通貨偽造の場合、『行使の目的』が主観的違法要素であることは否定できないように思われる。通貨に似たものを作るという客観的な行為自体は、違法とも適法ともいえない。もし学校の教材にするためであるならば、何ら法益侵害の危険はなく、適法なものだからである。行使の目的があることによってはじめて、偽造行為に法益侵害の危険性が生まれる[14]」とされる。さらに、中博士によれば、行使の危険がある偽造とそうでない偽造とを区別することは所詮不可能であって、しいて客観化しようとすると、推測的な行為事情だけで満足せざるをえず、かえって過度に早期の警察的干渉を招致しかねないとされる。そして、「行使の目的」があると確認された場合にだけ処罰されるという構成が法文の解釈として妥当なのであって、これを客観的要素に代替させることは一種の立法論であろうとされ

るのである。[15]

さて、ここで、批判的見解と全面的否認説の主張とが相違するのは、第一の目的犯（「結果を目的とする犯罪」）の場合には、行為があればひとりでに結果が生じるという原因・結果の関係にあるので、目的を残る隈なく客観化することが可能であるが、第二の目的犯（「後の行為を目的とする犯罪」）の場合には、行為は次の行為を目的とする手段の関係に立つので、目的を残る隈なく客観化することはできず、主観的目的が結果に向けられた違法要素でなければならないといわれるのである（ヘーグラー）。[16]にもかかわらず、全面的否認説は、この第二の目的犯についても主観的不法要素を否定することになる。

そこで、この点につき全面的否認説の立場から、中山博士によれば、「偽造行為の段階では一般に行使の危険を限定することが不可能であるというのであれば、私見ではいまだ可罰性はないといわざるをえない。客観的危険の程度という観点からは実際には行使を確実に予測させるような段階にいたってはじめて可罰的違法性に達するというべきであろう。批判的見解は、このような客観的危険が主観的な行使の目的を推測させる単なる証拠にすぎないとするのであるが、実はこの危険の存在こそ処罰の根拠なのであって、行使の目的は『行使の危険の認識』として構成することによって、違法要素ではなく責任要素として位置づけることができるであろう」[17]とされるのである。

また、内藤博士によれば、「対応する客観的要素の存在しない主観的要素によって違法か否かを決定するのは、その認定が不明確であるだけではなく、違法・適法の判断の段階で刑法が内心それ自体に介入することになる。……通貨偽造罪における『行使ノ目的』をもってする『偽造』は、……『行使ノ目的』を客観化して行使の客観的可能性の意味に理解し、行使の（流通におかれる）客観的危険性のある態様の偽造行為と解するとともに、行使の客観的

危険性がある偽造をしていることの認識、および、偽造を超える結果（目的）である行使への意欲としての、行使の主観的意図を、責任要素と考えるのが妥当ではなかろうか」とされ、このように解することに対して、客観的要素だけで行使の危険のある偽造とそうでない偽造とを識別することは困難であるとの批判（平野）に対しては、「その識別は偽造の方法・場所・規模などの客観的状況によってほとんどの場合可能であろう……むしろ、主観的な『行使ノ目的』によって違法な偽造と適法な偽造とを識別することよりは容易かつ確実であるように思われる。そして、行使の主観的目的による識別といっても、自白に依存しない限り、実際には、行使の客観的危険がある偽造であるか否かによって判断せざるをえないであろう。もし行使の客観的危険のある偽造であることが客観的要素によって識別できない場合には、『疑わしきは被告人の利益に』の原則に従って、犯罪の成立を認めるべきではないであろう。……行使の客観的な危険性のある偽造であっても、それを行使するつもりがない場合（たとえば、精巧な偽貨を作ることだけを趣味にしている場合）は、行使の主観的意図がないから責任がないと解すべきであろう[18]」とされているのである。さらに、浅田教授によれば、「たとえば倉庫に印刷機を備えて大量に一万円札を印刷している場合に貨幣偽造罪が成立し、グラフィックの練習のために一万円札を模写している者に通貨偽造罪が成立しないことは、行為者の主観的目的以前に、客観的な行為状況から明らかになることである。……通貨偽造罪の成立には、客観的には行使の危険のある偽造、主観的には（故意として）その認識が必要であるということになる。法文の『行使の目的』は、客観的な行使の危険と解し、その認識を要求することで（行使の危険の認識）、行為者の主観（目的）を違法要素（主観的構成要件要素）とすることを回避すべきであると考える[19]」ともされている。またさらに、すでに瀧川博士によれば、「偽造の『偽造する』という中間の結果は『行使する』という最後の結果に対する手段として意

欲せられる。最後の結果は必ず行為者の意欲にある。未遂犯におけると同じく、目的犯においても、重要なことは最後の結果である。目的犯においても最後の結果に対する意欲が、最後の結果への手段ならびに中間の結果を包含することは当然である。従つて行為ならびに中間の結果の意味ある意欲は故意に属する。目的犯の目的を主観的違法要素と見る必要はない[20]。」などという指摘がみられたのである。

私は、従来の私見を改めて、「後の行為を目的とする犯罪」も主観的不法要素ではなく、責任要素とする見解に改説することにする。その理由は、違法性の判断は客観的・事後的なものであり、客観的事情によって違法・適法が判断されるべきで、おそらく、客観的諸事情から判別可能であろう。それでも識別不能なときは、「行使の目的」があったかどうかという主観的要素で違法・適法を判断すべきではなく、「行使の目的」という主観的目的は「自白」によらねばならず、かような主観的目的で違法・適法を判断するのは「疑わしきは被告人の利益に」という大原則に反し、犯罪の成立を認めるべきではないであろう。以上のような理由で、すべての目的犯は主観的不法要素ではなく、責任要素と解することが健全な法的思考であると考えるに至った。

二　表現犯の場合

「表現犯」とは、行為者の心理的過程・状態を外部に向って表現し、または表現することを怠ることによって成立する犯罪である。そして、前者の例として「偽証罪」（刑法一六九条、積極的表現犯と呼ばれる）、後者の例として「不申告罪」（爆発物取締罰則八条、消極的表現犯と呼ばれる）が挙げられる。たとえば偽証罪では、通説・判例である主観説によれば、陳述が記憶に反するという主観的要素が行為の違法性を決定づけるとされる。これに対し、否定説

からは偽証罪につき客観説を採り、客観的事実との相違による刑事司法への客観的危険として構成すれば、主観的不法要素を認める必要はないとされる(21)。そして、「虚偽の陳述」とは客観的事実に反する陳述をいう、とする客観説によれば、行為者の記憶内容は故意の問題であって違法判断に影響を及ぼさないとし、記憶に反する陳述が客観的事実に合致していた場合は構成要件に該当せず、記憶どおりの陳述が客観的事実に反していた場合は故意はなく、いずれも偽証罪は成立しない、とされる(22)。そして、主観説に依拠するならば、事後的にみれば、客観的事実に合致しておれば、その陳述が審判作用を害することはないのであるから、なおそれを処罰するとなると「悪しき心情」を処罰することになり、「心情刑法」に堕するものというべきことになり、ここでも主観的不法要素を認める必然性はないことになる(23)。

表現犯のもう一つの例は、「不告知罪」である。爆発物取締罰則八条は、一定の爆発物に関する「犯罪あることを認知したる時は直に警察官吏若くは危害を被むらんとする人に告知す可し。違う者は五年以下の懲役又は禁錮に処す」と規定している。通説は、もし不告知が所定の犯罪があることを知らなかったためであるとするなら、はじめから本罪成立の前提を欠くことになり、逆に知っていながらの不告知であるときは、不告知者の主観的認知が本罪の成立を決定する要素になるとするのである。

これに対して、中山博士は「知ることによって違法性が左右されるのではなく、不申告という事実状態を独立に観念しうるとすれば主観的違法要素を完全に否定するところまで徹底することも不可能ではない(24)」とされ、また、内藤博士も「不申告罪の場合も申告義務を生じさせる客観的事情（犯罪事実の存在、行為者が犯罪事実のそばにいたなど犯罪事実を認知しうる状況にあったこと等）が不申告罪の構成要件要素であり、犯罪事実の認知は、右のような構成要件

要素の認識として、不申告罪の故意の問題であり責任要素として解することができるように思われる[25]」とされている。すなわち、中山・内藤説によれば、「申告義務を発生させる客観的事実こそが行為を違法ならしめるものであって、主観的認知はその認識として責任要素に属するという構成方法を提案し」ておられるのである[26]。

したがって、ここで「問題となるのは、告知義務発生の事実的前提が、認知を除外した客観的事情のみから与えられるか否か[27]」という点にある。既述のように、中山・内藤説はこれを肯定するのに対し、中博士はそれを犯罪の構造上不可能だと主張される[28]。たとえば、「AはBが過激学生であり、かつBの所属するセクトがかねてXを殺害する旨の声明をしていたので、Bが実際には実験用の爆発物を製造しており、したがって犯罪事実が実際には存在しないにもかかわらず存在すると錯覚したといった場合には、右のような錯覚はいまだ『認知』ではない。かえって、中山・内藤説によれば、右のような事情からBがXを殺害するために爆発物を製造している濃厚な嫌疑があり、このような事情をもって告知義務発生の事実的前提があるとされるのであれば、嫌疑をもって義務を基礎づけるものだといわねばならない[29]」とされ、「やはり、BがXを殺すために爆発物の製造をしているという認知がAにある場合にかぎって告知義務を課すべきであろう[30]。」それ故「本罪は、不申告者が所定の犯罪のあることを認知したときにかぎって申告義務を課しているものと解する方がむしろ素直で制限的解釈だと思われる。そうだとすれば、所定の犯罪あることの認知という主観的なものが本罪の構成要素とされるものとしなければならない[31]。」とする中博士の反論がある。

しかしながら、浅田教授によれば、「しかし、それを犯罪論体系において違法と責任のいずれに位置づけるかは、別の問題である。事を事前的に考えれば、実際に存在する犯罪の不告知は違法の問題であるが、それを認識し

ているか否かは責任（故意）の問題であるとすることに矛盾はない。肯定説の否定説に対する批判は、違法の事前判断を前提にするものであり、違法の事後判断を当然とする否定説とは噛み合っていないように思われる。[32]」とされ、違法性とは、事後的・客観的判断であるということを前提にすれば、ここでも不申告を主観的不法要素と認める必要はなく、責任に位置づける否認説が妥当と思料される。

三　傾向犯の場合

傾向犯とは、行為者の一定の主観的傾向の表出とみられる行為を犯罪とするもので、そのような傾向があるときに限って犯罪が成立するとされるものである。通説はこれを認め、強制わいせつ罪（刑法一七六条）につき、「純粋に客観的には同じ行為であっても、医療目的でおこなわれるならば猥褻性をもたないことになる[33]」（団藤、なお大塚）とされる。判例も、本罪が成立するためには、その行為が行為者の性欲を刺戟興奮させ、または満足させる意図のもとに行われることが必要であるとし、もっぱら報復または侮辱・虐待の目的で婦女を裸にして写真を撮ったときは同罪は成立しないとしている（最判昭和四四年一月二九日刑集二四巻一号一頁）。

また他方、佐伯博士は、傾向犯における傾向を主観的不法要素と認める肯定説に立ちつつ、たとえば、侮辱目的をもってする外国国章損壊罪や侮辱罪等につき、犯人自身の主観的軽蔑感情が行為の概念要素であり、それを抜きにしては侮辱としての違法性に欠けるところがあるとされた[34]。

これらに対して、否認説は、行為が客観的に適法であるときに（たとえば、医師の診断・治療行為が適法な医療行為の範囲内にあるとき）、主観的傾向だけによって違法とすべきではなく、また、前出の判例の事案についても、本罪の保

護法益を被害者の性的自由と解すれば、それを侵害する行為があり、かつそのことを認識している以上、内心傾向のいかんに関わらず同罪が成立するとされる[35]。

もっとも、中山博士は上の論拠をさらに敷衍され、「傾向犯における主観的傾向は、これを外部的行為の認識（故意）ということができない限り、犯罪の単なる動機にすぎず、犯罪の成否には影響がないとするのが、否認説からもっともすっきりした解決ではないか」とされ、この帰結はわいせつ罪については妥当するが、「侮辱目的の外国国章損壊罪を傾向犯とした場合にそのまま妥当するかという問題が残る。この場合には、行為は国章の損壊であるが、その中に侮辱の意味が含まれていなければならない。ここでは『侮辱の目的』は行為の単なる動機ではなく、損壊行為に含まれる侮辱の意味の認識として、犯罪の『故意』に含まれると解すべきであろう。この場合にも、侮辱の目的が損壊行為の違法性を色づけるとする構成もありうるが、それは法益侵害の意味をあいまいにするものであって妥当でないというべきである[36]」とされている。

したがって、傾向犯を主観的不法要素とすべき必然性はなく、否認説が妥当なのである。すなわち、それは行為の客観的諸状況から判断されるべきであって、何も主観的傾向により違法要素とする必然性はないのであって、ここでも主観的不法要素否認説が妥当と思料されるのである。

（5）*Mezger*, Unrechtselemente, [Anm.3], S.259f.
（6）佐伯千仭「主観的違法要素」法学論叢第三七巻第一号、同第二号（一九三七年）同『刑法における違法性の理論』所収（有斐閣　一九七四年）二六八頁以下。
（7）浅田和茂「主観的違法要素と犯罪論――結果無価値論の立場から――」（現代刑事法No.3　一九九九年）四九頁。

（8）平野龍一『刑法総論　Ⅰ』（有斐閣　一九七四年）一二五頁。
（9）浅田「主観的違法要素」前掲注（7）四九頁。
（10）中　義勝「主観的不法要素について」関法第三七巻第五・六号（一九八八年）同『刑法上の諸問題』所収（関西大学出版部　一九九二年）三五頁。
（11）中山研一「主観的違法要素の再検討」同『刑法の論争問題』所収（成文堂　一九八九年）三三頁。
（12）佐伯「主観的違法要素」前掲注（6）二六九頁。
（13）佐伯「主観的違法要素」前掲注（6）二七〇頁。
（14）平野『総論　Ⅰ』前掲注（8）一二四―一二五頁。
（15）中「主観的不法要素について」前掲注（10）三六頁以下。
（16）Vgl. *August Hegler*, Subjektive Rechtswidrigkeitselemente im Rahmen des allgemeinen Verbrechensbegriffs, Frank-Festgabe I, 1930, S.312f.
（17）中山「主観的違法要素」前掲注（11）四三頁。
（18）内藤　謙『刑法講義総論　（上）』（有斐閣　一九八三年）二一七―二一八頁。
（19）浅田『刑法総論〔補正版〕』（成文堂　二〇〇七年）一二五頁。
（20）瀧川幸辰「刑法における構成要件の機能」『瀧川幸辰刑法著作集　第五巻』（世界思想社　一九八一年）三三九頁。
（21）平野『総論　Ⅰ』前掲注（8）一二七頁、中山『刑法総論』（成文堂　一九八二年）二四一頁、内藤『総論　（上）』前掲注（18）二二〇頁など。
（22）浅田「主観的違法要素」前掲注（7）四五頁。
（23）浅田「主観的違法要素」前掲注（7）四六頁。
（24）中山「主観的違法要素」前掲注（11）五五頁。
（25）内藤『総論　（上）』前掲注（18）二二〇頁。

(26) 中山「主観的違法要素」前掲注（11）五六頁。
(27) 中「主観的不法要素の全面的否認説について（2・完）」（法学教室　一〇七号　一九八九年）九七頁。
(28) 中「主観的不法要素について」前掲注（10）四四頁、同「全面的否認説について（2・完）」前掲注（27）九八頁。
(29) 中「全面的否認説について（2・完）」前掲注（27）九八頁注（10）。
(30) 中「主観的不法要素について」前掲注（10）四五頁。
(31) 中「主観的不法要素について」前掲注（10）四四頁。
(32) 浅田「主観的違法要素」前掲注（7）四八頁。
(33) 団藤重光『刑法綱要総論　第三版』（創文社　一九八九年）一三三頁注（23）、なお、大塚　仁『刑法概説（総論）〔第四版〕』（有斐閣　二〇〇八年）三六二頁等参照。
(34) 佐伯「主観的違法要素」前掲注（6）二六六頁以下。
(35) 平野『総論　Ⅰ』前掲注（8）一二七頁以下、中山『総論』前掲注（21）二四二頁、内藤『総論（上）』前掲注（18）二一八頁以下等。
(36) 中山「主観的違法要素」前掲注（11）六八頁。なお、浅田「主観的違法要素」前掲注（7）四八頁以下等。

第三節　一般的主観的不法要素（故意）

最後に、通説は未遂犯も目的犯同様の構造をもつものだとして、「未遂の故意」も超過的内心傾向を示す主観的不法要素であるとする。

中山博士も指摘されるように、未遂犯も主観的不法要素だとする見解には、二つの方向がみられるのである。す

なわち、一つは「行為無価値論からの肯定説」、もう一つは「結果無価値論からの肯定説」である。前者によれば、「今日の通説はすでに人的違法観と行為無価値論を基本的に受容しており、既遂犯の故意一般を主観的違法要素と認めるところまで到達しているので、未遂犯の故意を違法要素と認めることは当然であるということになるであろう[37]」とされる。そしてこのような違法観からは、「未遂と既遂の区別を問わず、行為および結果の主観的認識（故意）自体を『構成要件的故意』として位置づけたのであるが、そこに共通に見られるのは、行為を主観・客観の全体的な統一体とみなす発想であって、主観的違法要素はもはや例外ではなくなったのである[38]」とされる。

これに対して、伝統的な客観的違法論の立場に立つ後者の「結果無価値論からの肯定説」からは、たとえば、つとに佐伯博士は未遂犯も目的犯と構造を等しくするとして、周知のごとく次のように説かれている。「従来客観的未遂論は未遂の本質をもって危険（客観的な法益侵害の可能性）にありとし、この危険の存在を客観的に規定しようと努力してきた。しかしそのある論者が危険性の有無がときに主観的要素により決まることもあるという事実まで否定するに至ったのは反省を要する。ここでも法の評価的作用は主観的要素にもおよびうるのである。例えば、（イ）行為者が彼の財布と彼の師匠の財布が一緒に入っている引出しの中に手を入れたとしよう。行為者の態度は窃盗未遂かどうか。（ロ）兵士が銃の狙いを定めた。その前方には敵と味方が肉弾戦を演じている。彼の行為は殺人未遂かどうか（ツィンマール）。（ハ）人が犬を連れて歩いている。行為者の射た矢がこの人と犬の間を通って飛んだ。射手の行為は刑法上どう判断すべきか（ブルンス）。すべてこれらの場合には、行為者が何を意思したかを考えないでは、その行為の危険性、違法性、可罰類型性について判断することは不可能である。（イ）（ロ）の例においては窃盗の意思またはかねて含むところのある味方の兵士を殺す意思があれば窃盗または殺人未遂であり、反対に自分の

財布を出す心算もしくは味方を援護するために敵を狙ったとすれば適法行為である。（ハ）の場合はいずれにせよ違法であるが、殺人意思があれば殺人未遂で罰せられるが、犬を殺す意思または全く害意なき過失だったならそれぞれ毀棄未遂または結果なき過失行為となってともに無罪である[39]」とされている。また、平野博士によれば、未遂犯は明確に目的犯の一種と位置づけられ、たとえば、殺人未遂の場合、「結果が発生した場合の故意にあたる『人を殺す意思』は、未遂の場合は主観的超過要素であり、主観的違法要素である[40]」とされたうえ、「着手未遂」にあたるのが「後の行為を目的とする犯罪」で、「実行未遂」にあたるのが「結果を目的とする犯罪」であるとされている。そして、「人を殺そうとして、ピストルで『狙いをつけた』ときは、すでに殺人未遂を認めることができるであろうが、この場合には、さらに『引き金を引く』という次の行為がなされなければならない。それは、『後の行為を目的とした』ものであり、その目的は主観的違法要素といえる。すでに『引き金を引いた』ときは、ただ、その『結果（である人の死）を意欲した』だけであり、右の第二の型に属することになる[41]」と区別されながらも、着手未遂はもとより実行未遂の場合にも、未遂の故意は主観的不法要素だと主張されているのである[42]。

これらに対し、主観的不法要素全面的否認説に立たれる内藤博士によれば、たとえば、相手に向かってピストルを発射したという事例で、「そもそも、前掲の例で殺人未遂か加重傷害未遂か判別できないであろうか。ほとんどすべての場合は、ピストルの向けられた個所（胸か足かなど）、相手との距離などの客観的事実によって判別しうるであろう。しかし、生命に危険があるのか、身体に危険があるのかが、どうしても客観的に判別できないときに、殺人の主観的な故意があるからという理由で、生命に対する客観的危険があるとすることは妥当でないように思われる。それは、客観的危険とはいえず、また、自白に依存することによってなされるほかないからである。殺人未

遂が成立するためには、もちろん、殺人（既遂）の故意が責任要素として存在しなければならない。そして、もし事実認定の過程で殺人の故意が認められるにいたるときは、自白に依存しない限り、すでに客観的事実の認定に変化があり、生命に危険があること（殺人未遂の違法〔構成要件〕にあたること）が客観的に判別しうるように変っているはずである。このように考えれば、未遂犯においても、（既遂の）故意は主観的違法（構成要件）要素ではなく、責任要素であると理解することになるのである[43]」とされている。また、中山博士によれば、「私見は、未遂犯の故意についてもこれを主観的違法要素とは認めないという立場をかつてからとってきた（中山・総論の基本問題七一―二頁（昭四九））。そこでは、未遂犯の構造が目的犯と共通しており、その『故意』は実行行為をこえて結果にまで及んでいるが、実行行為に固有な客観的危険のなかに未遂犯の違法性を見出すべきであるとし、違法性の本質を法益侵害にあるとしながら認識という主観的事情を違法要素とすることは矛盾ではないかとしたのである。……私見はその後も基本的な立場を維持し、決定的なのはやはり外部的行為の態様であって、行為者の意思いかんによって同じ外部的行為の違法性が変化するという考えは妥当でなく、実際にも主観的意図の判別はより困難ではないかとしたが（中山・口述総論一一六―七頁（昭五三））、さらに、目的犯と同じく未遂犯の故意もこれを客観化して結果発生の客観的危険とし、故意はその認識および結果の意欲を意味するという構成を維持することが客観的未遂論の基本的原則にも合致するものとしたのである（中山・総論二四二頁（昭五七）[44]）」とされている。

さて、本問題をいかように考えるべきであろうか。私は、不能犯論につき、現在客観的危険説の立場に立っており[45]、行為者主観の排除と事後的客観的な科学的・実証的判断の観点から未遂を考えるべきだとする見解を妥当だと思料している。客観的事実が同一のものを、行為者主観（自白）にのみによって判断するのは、社会正義に反する

刑罰権の濫用であって、「疑わしきは被告人の利益に」という大原則に反し、内藤博士の云われるごとく、自白にのみ依拠して殺人未遂か否かを判断すべきではなく、それが疑わしい場合は殺人未遂ではなく加重傷害未遂（暴力行為等処罰法一条の二）により処断すべきものと考える。以上のように、未遂の故意はもちろんのこと、既遂の故意も主観的不法要素ではないのである。違法性の実質は法益侵害・危険であり、それは事後的・客観的に判断されねばならないからである。

(37)　中山「主観的違法要素」前掲注（11）六九頁。
(38)　中山「主観的違法要素」前掲注（11）七〇頁。
(39)　佐伯「主観的違法要素」前掲注（6）二七〇―二七一頁。
(40)　平野『総論　Ⅰ』前掲注（8）一二四頁。
(41)　平野『総論　Ⅰ』前掲注（8）一二六頁。
(42)　平野『刑法総論　Ⅱ』（有斐閣　一九七五年）三一四頁以下。
(43)　内藤『総論　(上)』前掲注（18）二三一頁以下。
(44)　中山「主観的違法要素」前掲注（11）七六頁以下。
(45)　振津「不能犯論の再構成」（金沢法学第五七巻第二号　二〇一五年）一三頁以下。

第四節　おわりに

以上のごとく、違法性は事後的・客観的な判断であって、その実質は法益侵害・危険である。そして、判断対象の客観性が正に実質的不法であって、現在通説的に主張されている不法と責任の区別を、一般人に向けられた「当為（Sollen）」が不法であり、行為者本人の「可能（Können）」が責任であるとする、判断基準の客観性をもって、客観的違法論だとする主張は採りえないのである。かような観点からは、不法は「客観的に」、責任は「主観的に」という判断形式が妥当と考えるので、違法性に「主観的要素」（主観的不法要素）を認める必要性は全くなく、主観的不法要素全面的否認説が最も妥当だと思料する。それ故に、主観的不法要素全面的否認説を採るべきものと考えるに至った。以上の理由から、従来の私見を改説することにする。

もっとも、規範論については、前世紀の新カント価値哲学に基づく古典的なメッガー流の「評価規範」違反＝不法、「決定規範」違反＝責任と截然と区別する体系が、二一世紀の現在においてもなお維持しうるかについては、なお再考の余地があり、今後の課題として再度の検討を要する問題であるということを、最後に提起して、擱筆する。

第七章　条件説と「条件関係論」について

第一節　はじめに

刑法上「因果関係」に関しては、広狭二義のものが存在する。すなわち、広義では、およそ行為と結果との間に必要とされる原因・結果の関係をいうとされ、それは条件関係を含む行為論をも射程に入れた概念である。これに対して、狭義では「構成要件に該当する行為（実行行為）と構成要件に該当する結果（構成要件的結果）とのあいだに必要とされる一定の原因・結果の関係[1]」と定義され、広義の因果関係（条件関係）の存在を前提として、その刑法的重要性を問題とするもので、体系上構成要件該当性のレベルで論じられるべきものであるとされる。

そこで、まず、因果関係の意義が問題となる。ここでは、結果犯と挙動犯とが区別される。山中教授によれば、「結果犯とは、結果が、行為者の行為とは場所的・時間的に分離される侵害作用ないし危殆化作用に現れる構成要件を指す。例えば、殺人罪がその例である。殺人罪においては、殺害行為と被害者の死である侵害作用とは、場所的・時間的に分離されうるのである。行為と結果（侵害ないし危険）との間の因果関係ないし客観的帰属は、結果犯

においてのみ問題となりうる。[2]」ものである。

行為とは作為および不作為を含み、それが結果へと転化しなければならない。結果には侵害（結果犯）と危険の発生（危険犯）の両者を含む。これに対して、「挙動犯ないし単純行為犯は、構成要件の充足が、行為者の最後の行為と同時に生じ、それとは分離される結果が発生しない構成要件をいう。例えば、住居侵入罪（一三〇条）においては、侵入行為とともに構成要件は充足される。その他、偽証罪（一六九条）がそれに属する。単純行為犯においては、行為が終了すれば、構成要件が充足される。[3]」ものであり、この挙動犯では、挙動があれば犯罪が成立し、およそ因果関係は問題とはならない。

以上の刑法における因果関係の意義を明確化したうえで、刑法における条件説という見解と「条件関係論」の問題性につき検証しようとするのが、本稿の目的である。

（1）内藤　謙『注釈刑法（2）のI』（団藤重光編）（有斐閣　一九六八年）四七頁。
（2）山中敬一『刑法総論〔第二版〕』（成文堂　二〇〇八年）一七一頁。
（3）山中『総論』前掲注（2）一七一頁。

第二節　条件説の意義とその問題点

さて、今日conditio-sine-qua-non-Formelと名づけられている仮定的消去手続（hypotetisches Eliminationsverfahren）として、条件関係の判断公式として主張されたのは、一八五七年のオーストリアのユリウス・グラーザー

（一八三一―一八八五）によって根拠づけられたとされている。[4] その後、ドイツのライヒ裁判所の判事となったマキシミリアン・フォン・ブーリ（一八二五―一九〇二）の指導・影響のもとでライヒ裁判所により採用され、疑念なき理論として妥当し、したがってとっくの昔に克服された機械論的科学概念（mechnistischer Wissenschaftsbegriff）が非歴史的（ahistorisch）なものとして考えられてきた。このことは、単に刑法学の分野においてのみならず、当時の時代の尖端を行く物理学界においてもそうであり、たとえば、ベルリン時代のマックス・プランクのごとき学者も、その当時の諸学者にとって「機械論こそは……理論物理学の決定的な要石であった」とされる程であった。[5]

さて、v・ブーリの理論は因果関係を実体概念（Substanzbegriff）として取り込み、機械的エネルギーの形象（mechnisch-energische Bild）を単純にその対象と同一視する機械論的科学概念に基づくものである、とされる。[6] そして、彼の有名な一八七三年の著書『因果性とその答責性について』は、一八七〇年の彼自身の論文の冒頭の引用から出発するのである。「因果関係のもとで、人はなるほどある現象の生成の過程を理解せられてよい。人がある具体的な現象の因果関係を探究しようとするならば、ある現象の生成にとって何らかの効力を現わしたところの全ての諸力を秩序ある連続において確定しなければならない。その場合には、これらの諸力が現象の原因としてみられるべきである。しかし、これらの諸力のそれぞれの個々のものもまた、それ自体だけで同一の権利をもって既に現象の原因として考えられる。けだし、その存在は全くそれぞれの個別力（Einzelkraft）に依存しており、人が因果関係からまたたった一つの個別力でも排除するならば、現象それ自体崩壊してしまうからである。それ故に、それぞれの個別力は、その人がそこから見通すならば、その他の全ての死せる多数の個別諸力に初めて生命力（Lebens-kraft）を与えるのであり、それはその他の全てのそれぞれの個別力を因果的たらしめるのである（m.Abh. Gerichtssal

1870 S. 1 ffg.)」と。かようにして、一切の条件は原因であるとする条件説が主張されることになる。[7]

本説は、十九世紀に特有の機械論的世界観、そして古典物理学に相即する世界像を絶対的なものであると考えるところに成立する。そして、このv・ブーリの純機械的因果関係説は、この影響のもとに因果関係を専ら存在的カテゴリー（ontische Kategorie）と考え、論理的貫徹性またはその非歴史的性格を高揚し、そして、v・ブーリがライヒ裁判所の判事となるや（一八七九年以降ライヒ裁判所の判事となり、刑事第Ⅰ部に所属していた）[8]、実務において採用されることになったのである。[9]

一八八〇年四月一二日、ライヒ裁判所刑事第Ⅰ部は、過失致死罪（刑法典二二二条）に関する以下のような判決を下した。[10]

本件事実の概要は、被告人（妻）が、砒素化合物の水溶液を混入したワインあるいはラム酒の瓶に入れて居間の窓台の上に開けたまま置き、少し注意すれば彼女の留守中に、誰か、とりわけ酒好きの夫がこれを飲んで死ぬかもしれないと思いつつも外出したところ、果たして夫が飲んで死亡したというものである。だが、被害者（夫）は注意してその酒瓶の内容物を詳しく試飲すべきであったという過失とが共働して死の結果が生じた。本件では被告人（妻）の毒酒の放置という過失と、被害者（夫）の内容物を注意して飲むべきであるという過失とが共働して、夫が死亡した。すなわち、死亡した夫の方にも毒酒を注意して飲むべきであったという過失が共働したという事案であった。つまり、自己の死の招来へと共働せられた被殺者の過失は、行為と結果との間の因果関係を認めていいのか、ということが問題となったのである。

以上の事実に対し、本判決の理由は「被告人の行為自体の中に根拠づけられる完全な原因性が備わっているなら

ば、他人がその結果に共働的に作用したという事情によって、欠落しうるものではない。毒物の放置なくば、被告人の夫が死亡しなかったであろうこと、かくして、結果全部の発生は被告人の行為によって条件づけられていたこと、従って完全な原因性もまた、この行為の行為に存するということが事実上認められる」（傍点引用者）として、被告人（妻）に過失致死罪を肯定した。本件を嚆矢として、BGH に至るまでドイツの判例に完全に根を下ろし、さらにはわが国の判例の終始変らぬ基礎となっていったのである。[11]

さて、すでに拙稿でも指摘したように、「この条件説に対しては、因果関係の認められる範囲を余りに拡大しすぎることにより、犯罪の成立範囲を広く認めすぎるとする批判が加えられてきた。すなわち、①条件説を徹底すると、たとえば、殺人犯人を産んだ母親の出産も被害者の死に対する条件関係があることになる。もっとも、条件説からは、因果関係を認めても、故意・過失という『責任』による限定がなされるから必ずしも不合理ではないとか、母親の出産は『実行行為』性を欠くとする反論もなされている。だが、前者に対しては、責任により犯罪の成立を限定するのは主観的犯罪論への傾斜を意味するし、後者の実行行為による限定は、条件説の本旨に反するものと思われる。次に、②結果的加重犯の場合、重い結果に対して過失も要しないとする判例の立場からは、責任による限定がなしえず処罰範囲を不当に拡大すると批判される。ただし、責任主義の見地から加重結果に過失を要求すれば（通説）、必ずしも限定ができないわけではない。③行為者が非常に軽微な危険行為により結果発生を意欲し、しかもそれが現実に発生した場合、たとえば、Aが落雷を利用してBを殺そうと考え、荒天の際森に行かせたところ、実際にBが落雷で死亡した場合、行為者の故意は肯定されるから責任による限定はなされない。もっとも、条件説論者から『実行行為性』を欠くとする反論もあるが、①の場合と同様の疑問がある。最後に、④いわゆる『因

果関係の錯誤』、すなわち、行為者の意図した目的は達したが、行為者が認識した因果経過と現実に成立した因果経過とが一致しない場合、たとえば、殺意をもって発砲し重傷を負わせたところ、被害者は病院に収容され回復しつつあったが、病院の火事で焼死した場合、条件説によれば殺人既遂が肯定されることになる。これを避けて、この場合条件関係はあるが、実行行為時の故意は発生した結果に及んでいないとして既遂を否定する見解もあるが、それはもはや相当因果関係を前提とした議論であって、条件説の立場と矛盾するといえよう。

なお、以上のほか、条件説の原則的問題性として、全条件等価性のドグマから、構成要件・違法の客観的区別を否定することによって、主観を重視する主観的未遂・共犯論に門戸を開くものであったという歴史的経緯も看過されてはならないであろう[12]」と述べておいた。

以上のような「条件説」の諸問題のうち、最後の主観的未遂論・共犯論について若干述べておくと、前者の主観的未遂論につき、ここでも、v・ブーリにより指導されたライヒ裁判所の判決が想起される。すなわち、一八八〇年五月二四日のライヒ裁判所刑事連合部は、堕胎未遂に関する有名な判決を下した[13]。

本件事実の概要は、被告人Ⅰ（妊婦）は被告人Ⅱ（男）によって教唆され堕胎をなそう企て、同人（被告人Ⅱ）によって何度か持参された堕胎のために適切なものと考えられた、にがい黒色の液体の服用をなしたのであるが、使用された手段が企図した堕胎の効果を持ち得ず、所期の目的を達成し得なかったというものである。そこで、ライヒ裁判所は、「結果が生じなかったときには、行為は決して結果に対して因果的ではない。すなわち、不発生は正にそれが因果的でなかったということを示しているからである。しかし、それはまたさらに……個々の事例において……結果へと導びかなかった一切の行為が、その発生のために絶対的に不適切であるものとして示めされたとい

うことが述べられてもよい」として、条件説の観点から、そこでは客観的には区別できないから、主観にのみ依拠する主観的未遂論が導びかれた。さらに、後者の主観的共犯論については、条件説はすべての条件を原因として等価であるとするのであるから、「共犯論」においてもすべての条件は共に等価的原因であるから、客観的に区別できず、「自己のため」か「他人のため」かというアニムスの公式による区別をなす「主観的共犯論」へも導びくこととなったのである。[14]

さて、私は現在、不能犯論につき「客観的危険説」を採っており、[15]したがってまた未遂犯論につき客観的未遂論が妥当と考えており、また、共犯論についても客観的共犯論が妥当と思料するので、両者ともに当然採りえないことになる。

なお、現在のわが国でも条件説を主張する論者として、岡野光雄教授がいる。[16]

（4）*Julius Glaser*, Abhandlungen aus den österreischen Strafrecht, 1858, S.298（筆者未見）。彼の主張内容については、林　陽一『刑法における因果関係理論』（成文堂　二〇〇〇年）三四頁に書かれているので参照されたい。
（5）振津隆行『刑事不法論の研究』（成文堂　一九九六年）一一八―一一九頁。
（6）振津『研究』前掲注（5）一一九頁。
（7）*Maximilian von Buri*, Ueber Causalität und deren Verantwortung, 1873, S.1.
（8）宮澤浩一編『外国刑事法文献集成　Ⅰ　ゲリヒツザール』（成文堂　一九七六年）二一七頁参照。
（9）振津『研究』前掲注（5）一一九頁。
（10）RGSt. 1. 373.
（11）林（陽）『因果関係論』前掲注（4）三五頁等参照。

（12）振津『刑法基本講座　第二巻　構成要件論』阿部純二ほか編（法学書院　一九九四年）一一三―一一四頁。
（13）RGSt. 1.439。なお、振津『研究』前掲注（5）一一〇頁以下参照。
（14）齊藤金作『共犯理論の研究』（有斐閣　一九五四年）一六頁以下、とくに二五頁。なお、ブーリの共犯論の翻訳として、二〇七頁以下等参照。
（15）振津「不能犯論の再構成」（金沢法学五七巻二号　二〇一五年）一三頁以下。
（16）岡野光雄『刑法における因果関係の理論』（成文堂　一九七七年）一三頁以下等、同『刑法要説総論〔第二版〕』（成文堂　二〇〇九年）五二、六〇頁。

第三節　「条件関係論」の問題性

以下で、従来提起されてきた問題を設例を挙げつつ、「条件関係論」の問題性を明確化していくことにする。

一　仮定的因果関係

［設例①］

(1)　Aが転轍手に睡眠薬を飲ませたが、その直後にBがAとは独立に同じ転轍手を縄で縛り上げた。転轍手は適時に転轍することができずに、列車の衝突事故が発生し、列車を転覆させたうえ多数の乗客を死傷させた（転轍手事例）。

(2)　AはBを攻撃しようとしたが、Bが勇ましく防衛し、仲々強いので、Aは彼の友人のC及びDを呼び、彼ら

がそれぞれ隅に立て掛けてあった棍棒をすばやく把かみ、同時にAに手渡たそうとしたが、CはDの手を押しのけて、AはCの棍棒でBを殴打した（棍棒事例）。

(3)　殺人犯の死刑執行に際して死刑執行人が死刑執行のボタンを押そうとした瞬間に、自分の子供を殺された父親（C）が復讐するために死刑執行人の手を押しのけて、ボタンを押した（死刑執行人事例）。

さて、刑法上の因果関係があるというためには、「AなければBなし（行為がなかったならば結果は発生しなかったであろう）」という条件関係が必要であるとされている。本［設例①］(1)を条件関係の公式に当てはめると、Aの睡眠薬を服用させる行為がなくても、Bの縄による緊縛行為によって転轍手は適時に転轍できず列車転覆事故が生じたといえる（逆もまた真である）。次に(2)の棍棒事例でも実際にはCの棍棒で攻撃したが、Cの棍棒手交行為がなくとも、Dの棍棒で攻撃したといえる（これも、逆もまた真である）。最後の(3)の死刑執行人事例でも、父親（C）のボタンを押す行為がなくとも、死刑執行人のボタン押し行為によって同時に死刑囚は死亡していたであろう。

［設例①］の(1)から(3)は、エンギッシュが挙げた設例である。(1)は転轍手事例であり、[17] (2)と(3)も同様、エンギッシュが設定したものである。[18]［設例①］のように、(1)ではAの行為（またはBの行為）、(2)ではCの行為（またはDの行為）、(3)では父親（C）の行為（または死刑執行人の行為）を取り除いても、結果が発生するので条件関係は否定されることになる。したがって、「AなければBなし」とう条件関係が否定されるので、このように仮定的条件を付け加えて考えざるをえない場合を、「仮定的因果関係（hypothetischer Kausalzusamenhang）」の問題とされるものである。

そこで、かような「仮定的因果関係」につき、条件関係が否定されざるをえない諸事例の処理の方法として、以

下のような諸見解が展開されている。

すでに周知のごとく、シュペンデルは一九四八年の著書で[19]、条件関係の公式の修正を提唱したのである。

(二)「付け加え禁止」原則説

このシュペンデルの主張内容を、アルミン・カウフマンの著書から引用すると、シュペンデルはほぼ以下のように主張した。「ある行為は、もしそれがなかったとするならば、すべてのそれに代って発生し、あるいはまた阻止されてしまって実際には実現されなかった諸事情を全く顧慮しないで、具体的な結果が発生しなかったであろうという場合にのみ因果的であろう。ただ除いて考えるだけであって、何も付け加えて考えてはならないのである[20]。」（傍点原文隔字体）として、「付け加え禁止」の修正を提唱したのである。

このシュペンデルの「付け加え禁止」による修正は、多くの問題が指摘されながらも、わが国では有力説として主張されているのである。たとえば、平野博士は「『Aの行為がなかったならば』という判断をする場合には、Aの行為を『除いて』考えるだけであって、他の行為を仮定的に『つけ加えて』判断するのではない。Aが轢かなければ後から来たDが轢いたであろう場合でも、現実には存在しなかった『Dが轢くという行為』をつけ加えて判断し、『Aが轢かなくともDが轢いたであろうからAの行為はBの死に対して因果関係はない』とすべきではない[21]。」とされ、大谷博士も「『AなければBなし』という場合、Aの行為を除いた場合には結果は生じなかったであろう趣旨であるから、その条件以外に、他の行為や事実を『付け加えて』判断することは許されないということである（付け加え禁止）[22]。」とされ、さらに前田教授によれば「死刑執行人Yが、殺人犯Aの死刑執行ボタンを押そうとした瞬間に、Xが、Yを突き飛ばして代りにボタンを押した場合、たとえ、Xが押さなくとも同時刻にAは死んだと考

えられる。そこで、『Xの行為がなければYのボタンを押す行為があった』という仮定的な条件をつけ加えて考えれば、完全に同様の結果が発生したであろう場合を仮定的因果関係と呼ぶ。ただ、現実に結果を引き起こした行為に現に生じた結果を帰責すべきである。現実化していない条件（執行人による死）を付け加えて考えるべきではない。[23]」等とされ、わが国ではかなり有力な支持者が多いのである。

もっとも、すでにシュペンデルの修正（「付け加え禁止」公式）は、先にも述べたように多くの批判があるが、ここでは山中教授と林（陽）教授の二人のみを挙げておくと、山中教授によれば、「この修正公式によれば、仮定的因果経過の場合には実現されていない代替要因（Ersatzfakter）を顧慮し得ないのだから因果関係を肯定しえるかに思われる。しかし、『付け加えて考える』ことを排除することは、次の二つの場合には出来ないであろう。第一に rettende Kausalität といわれる場合である。アルミン・カウフマンの主張するように、例えば溺れかけている者に向かって流れて行く板切れを、ある者が阻止したような場合には、板切れが流れて行ったであろうという過程を付け加えて考えないで因果関係の存否は確定しないであろう。第二には、択一的競合の場合である。[24]」とされる。

また林（陽）教授によれば、「シュペンデルの修正にも、重大な疑問が存在する。csqn 公式の実質的な放棄であること、択一的因果関係事例を適切に処理し得ないこと、不作為犯を処理し得ないこと、『付け加え』をしない限り仮定的経過を思考実験によって組み立てることすら不可能なこと、が批判として挙げられている[25]」として端的に述べられ、四つにわたって述べられる。すなわち、第一に、「実際に現実化した事情」のみを考慮することは、行為がなかったならば何が起こったであろうからではなく、実際に何が起こったかを問うことに他ならず、c.s.q.n. 公式の放棄に等しい、という批判が、エンギッシュ、アルトゥール・カウフマンによってなされていること[26]。

第二に、シュペンデルの修正を施しても、択一的因果関係事例を妥当に処理しえないこと[27]。

第三に、仮定的な付け加えを行わないかぎり、不作為犯、救助的因果の断絶の場合を解決しえないこと[28]。なお、ここで救助の因果関係の断絶（Abbruch rettender Kausalität）の一例を挙げておくと、Aは、溺れかけているXに向かって流れていく浮きを、まさにXがそれをつかもうとした瞬間に銃で撃って沈めてしまったので、Xはもし銃で撃たれなければその浮きにつかまって助かっていたところを、溺死してしまったという例を挙げることができよう。すなわち、「付け加え禁止」公式からは、銃で撃たれなければ「浮きがさらに流れていき、Xがそれにつかまって溺死を免れたであろう」という経過を付け加えることはできないので、因果関係は否定されることになるからである。

第四に、最も本質的な問題として、行為者の行為を取り去っただけでその空白を埋めずに残したままでは、そもそも、その後の事態の推移を予測しえないこと[29]、の以上四つである。

これらの批判から、「付け加え禁止」公式には批判が多く、問題がやはり続出することがわかる。したがって、次の見解についてその主張内容を見てゆくことにしよう。

(二)　論理的結合説

本説は、その主唱者である町野教授によれば、「行為と結果との間に条件関係が存在することは、行為者が行為に出ないことによって結果を防止しえなかったということを意味する。条件関係の確定は、具体的に行われた行為が具体的に生じた結果に対する支配力を有していたことを確定するために要請されるものであるから、行為と結果との間に存在する事実的な因果経過の確認とは異なる。……事実経過の存在に疑いがない場合にも条件関係が否定

されることがあるし、逆に、事実経過に不明の点があっても条件関係を肯定しうる場合もある。以上のような考え方は、条件関係についての『論理的結合説』とも呼ばれる[30]」と定義されている。

かような「論理的結合説」の立場から、［設例①］(1)の転轍手事例につき、「列車を衝突させるために縛り上げた場合」に、「条件説の定式」によれば、「帰責可能なふたつの実行行為の場合には」、両方とも既遂の責任を負わないことになり、結果と行為との間の「因果関係を否定する」ことになる。[31]

また［設例①］(3)の死刑執行人事例についても、「行為と結果との間の条件関係はむしろ否定すべきでないか[32]」などとされる。

しかしながら、本説に対しては、因果関係を観念的なものではなく、実在的なものと解するかぎり不当であり、本［設例①］で因果関係が否定されるというのは、社会通念および法感情に反するものと批判されざるをえない。

それ故、さらに最後の次の見解について見ていこう。

(三)　合法則的条件の理論

つとに、一九三一年にエンギッシュは以下のように本説を提唱した。「ある行為は――われわれはとりあえず積極的な作為だけをみてみると――その行為に時間的に後続して外界に続いたなら、その行為と結びつき、そして相互にその重なり合う結果が（自然1）法則的に結びついており、そして何かある具体的な事態の構成部分に注ぎ込むものは、それが刑法的に該当する結果として定義され、特定の刑法上の構成要件により画定された具体的な（積極的な）結果にとっての原因だと示めされる（c.s.q.n. 公式に代えて、合法則的条件の公式（Formel der gesetzmäßigen Bedingung）。[33]」と定義されている。

本説を、山中教授にしたがい洗練された形で定義しなおせば、「経験的知識によって時間的に相前後する事象間に一般的に法則的連関があるかどうかが確認されてはじめて、個別具体的に、判断されるものである。このように、因果関係の存否の判断は、因果法則に則した個別具体的な連関の存否の判断とする見解を合法則的条件の理論(Lehre von der gesetzmäßigen Bedingung)という」[34]（傍点原文ゴシック体）とされる。そして、近時本説に従う見解も増加しているのが現状である（ドイツの通説、山中、林（陽）、井田、西田、岡本、高橋など[35]）。

この合法則的条件の理論に対しても、いくつかの疑問・批判がある。とくに、わが国では吉岡教授は以下のように二つの疑問を提起される。すなわち、「事実的つながり、つまり（必ず常に自然法則が支配すると思われる）事実的プロセスそのものを重視するのか、それとも「合法則性や一般的自然法則・経験則（の適用結果）自体を重視するのか」が、必ずしも判然としないとした上で、「前者であれば、さきに因果関係論否定説としてふれた条件公式の否定に近いが、『法則性』『法則的結びつき』をわざわざ言うことの意味が不明である。後者であれば、条件定式と同じ欠陥をもつ。つまり、結局は事実的つながりの存否を前提にしないと妥当な結論が出てこない。法則的結合の存在を確認するだけであるのなら、たとえば、（法則的結合の上では）全く同じ犯罪結果を実現する別の原因が介在してきたときに、通常は因果関係の断絶があるとされる場合であるにもかかわらず、因果関係を否定できないという問題が残る。そして、『先行事実に（時間的に）続いて、（事実的つながりの下に）接絶して生じる』というのであれば、『法則性』を取り立てて言う必要はないことになろう」というものである[36]。

まず、吉岡教授の前者の疑問であるが、そもそも「AなければBなし」という条件公式を放棄するというところから、「合法則的条件の理論」は出発しているので、条件公式を否定するのは当然である。次に、後者の疑問に対

しては、たとえば、Aが殺意をもって一七階のビルディングの屋上からBを墜落死させようとして突き落としたが、階下で強盗犯人を追跡していた警官Cが威嚇射撃をした弾丸が落下寸前のBに当たって死亡したとしても、AのB殺害については何の問題もなく殺人既遂を認めうるであろう。その意味で、警官Cの威嚇射撃による死亡という介在事情は問題とはならないであろう。以上のように、吉岡教授の「合法則的条件の理論」に対する疑問は、何の意味ももたないのである。

合法則的条件の理論に対しては、林（陽）教授の指摘されるように、同公式は、①それが刑事責任を根拠づけを行う能力を欠いているという批判と、②それは因果「公式」ではなく定義にすぎない、という批判があるがこれらも同教授の論証により論破されているので、ここでは繰り返さず、同教授の著書を参照されたい[37]。

さて、［設例①］に立ち戻って、合法則的条件の理論によれば、⑴、⑵、⑶、すべてにわたって、合法則的条件が認められるので、前二者の説とは異なり、すべてにわたって、条件関係が何の問題もなく肯定することが可能である。すなわち、［設例①］の⑴の（転轍手事例）では、AとB双方の行為と列車の衝突事故という結果、⑵の（棍棒事例）では、Aの殴打行為とCの棍棒手交行為によるBの傷害結果、⑶の（死刑執行人事例）では、父親（C）のボタン押し行為と死刑囚の死の結果それぞれに条件関係が認められるのである。この「仮定的因果関係」を明確に説明できるのは、合法則的条件の理論のみであることは明らかである。

二　合義務的態度の代置

［設例②］

(1)　列車の運転手Aが踏切にいた嬰児Bに気づかず、轢過して死亡させたが、かりに業務上必要な前方注視義務を果たし、嬰児Bに気づき、警笛を鳴らし非常制動の措置をとっていたとしても防止しえなかったであろう（京踏切事件＝大判昭和四・四・一一新聞三〇〇六・一五）。

(2)　その当時のドイツの道路交通規則によれば、追い越しの際、一ないし一・五メートルの間隔をとらねばならないのに、トレーラーの運転手Aは、七五センチメートルの間隔で自転車乗りBを追い越した際、トレーラーの後輪でBを轢き殺した。しかし、Bは強度の酩酊のため、たとえAが、一ないし一・五メートルの間隔で追い越していたとしても、高度の蓋然性をもって轢殺していたであろう（トレーラー事件＝BGHSt.11.1）。

［設例②］(1)(2)の事例は、「合義務的態度の代置（pflichtmäßiges Alternativverhalten）と呼ばれる事例である［設例②］の(1)は、いわゆる京踏切事件で、大審院は、条件関係を否定した。(2)では、ドイツのBGH（ドイツ連邦裁判所）は、「刑法上の因果関係」を否定した。その理由は、ルドルフィーによれば、「BGHおよび圧倒的通説は、このような諸事例においては不処罰になるのであって、その理由は、行為者によって惹起された結果は、その結果が合義務的な態度をとっていれば、確実に生じないであろうときにのみ、彼に帰属されうるであろうということである」[38]（傍点原文隔字体）ということを根拠にする。

しかし、［設例②］につき、「付け加え禁止」原則説の立場から、たとえば平野博士は「しかし、一メートル半はなれていてもBは死んでいただろうとか……という仮定的判断をすべきではあるまい。行為と結果の条件関係とし

ては、ただ、その行為が『なかった』としても死んでいただろうか、だけが問題となる。仮定的な事情は、過失の有無の判断にあたって問題になるにすぎない(39)」等として批判される。すなわち、平野博士等の付け加え禁止原則説からは、条件関係存否の判断にあたっては、「警笛を鳴らさず制動措置をとらなかった行為」だけが問題となり、「列車運転手が適切な措置を取っていたら」という現実に存在しなかった仮定的事実を付け加えてはならない、として条件関係、したがってまた因果関係を肯定するのである。しかしこれに対し、論理的結合説の立場から町野教授は、「平野教授、バウマンが『仮定的原因』の場合には、故意犯・過失犯に共通な回避可能性が欠け、行為の危険性という違法要素がないとされるのも、これに属する。だが、そうすると、行為はまったく合法だということになり、そのような行為に対して正当防衛をすることは許されなくなってしまう。また、故意犯のときは、未遂も成立しえなくなる。先に引用した判例の事案において、運転手が幼児を認めたが、故意が生じたため、ブレーキをかけず警笛もならさず轢殺したとしても、殺人未遂は成立せず無罪になるという結論は、正当とは思われない(40)。」として、付け加え禁止原則説を批判する。そこで論理的結合説の立場から、町野教授は逆に、仮定的な事実を必然的に考慮しなければならないとして、「不適切な運転手の行為がなかったとしたら、適切な行為があったであろうことになるのであり、そのときにもやはり結果は発生したであろうときには、条件関係は否定されるのである(41)」とされ、「合義務的態度の代置」の事例に、条件関係を否定するのである。そして、最後に合法則的条件の理論によれば、c.s.q.n. 公式を放棄することによって、因果関係を（A⇝B）「AなければBなし」から、（A→B）「AならばBである」と組み換えることが可能となり、「AならばBである」が同時に「CならばBである」とも言いうる場合には「AもCもBに対する原因である」とすることができるので、合義務的態度の代置の問題も、個々の行為か

らみるなら、結果の回避可能性はないのであるから、双方の行為のいずれについても条件関係を否定するのが正しいということになる。そして、近時山中教授は、「合義務的態度の代置」の問題は、「義務違反がなかったとしても同一の結果が発生していたであろうという判断は、その注意義務違反は、事前的にみて許されざる危険であったとしても、事後的には、その違反行為が結果の発生の蓋然性を高めていないことを意味する。危険増加判断は、危険実現判断の一種である。[42]」とされる。なお、最近の最高裁判決（最判平成一五・一・二四判時一八〇六・一五七頁）にも、自動車を運転していた被告人が、徐行義務を怠って黄色点滅信号の交差点に進入し、交差道路を暴走してきた車両と衝突して同乗者を死亡させたという事案について、減速して進入していたとしても衝突を回避することができたとはいえない、として業務上過失致傷罪の成立を否定したものがある、ということを付言しておく。[43]

三　択一的競合、重畳的因果関係

［設例③］

AとBが、それぞれ独立にXのコーヒーカップに致死量の毒薬を入れて飲ませたところ、それらの毒が同時に効いて、Xは死亡した。Aの行為とXの死亡との間に因果関係があるか。また、Bの行為についてはどうか。Aも、Bも、致死量の二分の一の毒薬を入れ、二つが合さってXが死亡した場合はどうか。

［設例③］の前段は、択一的競合（alternative Konkurrenz）または二重因果関係（Doppelkausalität）と呼ばれる事例であり、後段は、重畳的因果関係（kummulative Kausalität）と呼ばれる事例である。

まず、前段の択一的競合について、論理的結合説（町野、内田）によれば、条件公式に従って、両者ともに因果関

係を否定する。すなわち、A（またはB）の行為を取り除いても、B（またはA）の行為によって、Xは死亡するから、A・Bともに殺人未遂となる。この点に関し、内田博士によれば、「今、仮に、AとBが、それぞれ意思連絡なしに、Xに向かって発砲し、Aの弾丸はXの頭部を射抜き、Bの弾丸はXの心臓を貫いたとしよう。そして、Xは即死したとしよう。かような場合は、Aの行為も、Bの行為も、それぞれ独立して致命傷になりうることは、想像に難くない。条件説の公式によれば、Xの死という結果は、Aの行為がなくても、Bの行為によって確実に発生したことになり、Aには因果関係がない、という結論が導かれるであろう。同様に、Bの行為にも因果関係はない、といわざるをえまい。かくして、A・Bは、ともに殺人未遂ということになる。[44]」とされ、さらに続けて、「設例は、A・Bがそれぞれ独立して実行行為を行なった場合、すなわち、同時犯の場合なのである。共同正犯の場合の因果関係の設定方法を同時犯にあてはめることは、両者の本質的な相違を無視するものである[45]」とされる。そして、「結局、条件説に従って、未遂とすることが残された方途ということになろう」とされ、A・B共に殺人未遂が肯定されているのである[46]。

しかしながら、本説に対しては、A・Bともに致死量の毒薬を与えて、現にXが死亡しているにもかかわらず、A・Bともに殺人未遂とすることには、社会常識に反し法感情に反するという批判が可能である。

そこで次に、つとに一九二九年にトレーガーは、「個別的に取り去った限りでは結果に変化を生じさせないが、一緒に取り去って考えると法的に重要な結果が欠落せずにはおかない諸条件は、みな法的意味における条件である[47]」として、条件公式の修正を提唱したのである。本説によれば、択一的競合の場合、それぞれの行為は現実化しているので、付け加えて考えると前説のように条件関係を否定せざるをえない。そこで、この場合には、「いくつ

かの条件のうち、どちらかを除去しても結果は発生するが、共に除去すれば結果が発生しなかったであろう場合は、そのすべてに条件関係が認められる」とする修正公式が主張されている。たとえば、平野博士は「甲行為だけでも、またこれと独立の乙行為だけでも、同じ時点で結果が発生したであろうという場合はどうであろうか。たとえば、Aが寝ていたBを轢き、さらにDがこれを轢いたが、Aが轢かなかったらDは轢かなかったであろうという関係もなく、しかもAの行為がなくともBはDの行為によって現に死んだ時点で死んだであろうし、Dの行為がなくともBはAの行為によって同じ時点で死んだであろう、という場合である。条件関係の公式をあてはめると、Aの行為もDの行為も、Bの死に対して条件関係はないというほかはない。したがって、そのどちらか、あるいは双方の既遂を認めるためには、その限度で条件関係の公式の修正を必要とする。それで、たとえばヴェルツェルは『いくつかの事象のうち、どちらかを除いても結果は発生するが、ともに除けば結果は発生しなかったであろう場合は、そのすべてが因果関係がある』という公式を追加することを提案している。[48]」として、条件関係修正説が主張され、わが国でも有力に主張され通説化しているのが現状である（大塚、西原、大谷、前田、川端など[49]）。

本説に対しては、共同正犯ではなく同時犯にすぎないのであるから、個別的にその条件関係を確定すべきであり、全体として取り除くのは妥当ではないという根本的な批判があり、大いに疑念がある。

最後に、合法則的条件の理論からは、「AなければBなし」ではなく、「AならばBである」と思考するので、Aの致死量の投毒行為があればXは死亡すると考えるのでそれは肯定され、Aの投毒行為によるXの死亡とは合法則的条件関係にあり、Xの死亡との間の条件関係は何の問題もなく肯定できる。その論理は、Bの行為とXの死亡との間でも同一である。

さて、〔設例③〕の後段の重畳的因果関係をいかように解決すべきであろうか。すなわち、Aの二分の一を取り除いても、逆にBの二分の一を取り除いても、Xの死亡は発生しないから、A・B両者の行為とXの死亡との間の条件関係は肯定されることになる。そこで、通説の立場から、たとえば、大塚博士は「重畳的因果関係」につき、「二個以上の互いに独立して行われた行為が、単独では結果を引き起こしえないが、合併することによって、初めて結果を引き起こした場合、たとえば、甲、乙両名が、意思の連絡なしに、めいめい殺意をもって、各致死量に達しない毒物を丙の食事の中に混入したが、その重畳によって致死量となり、これを食べた丙が死亡したような場合である。甲、乙それぞれの行為と丙の死亡の結果との間に条件関係は認められるが、相当因果関係が否定されることによって、どちらの行為も殺人未遂にとどまるのが一般であろう。(50)」とされる。しかしながら、客観的相当因果関係説によれば、Aの二分一の投毒行為が先行するとすれば、Aは殺人未遂であるが、後行のBの投毒行為時には、既に致死量の半分の毒が入れられているのでこれは判断基底に入れられ、後行するBの行為時には半分の毒が入れられているという存在する事情なので、Bのみ殺人既遂となるという帰結になりそうであるが、このような区別に合理性があるとは到底思われない。

もっとも、合法則的条件の理論によれば、殺意をもって致死量に至らない毒薬を与えた場合、「AならばBである」と思考するので、A（ないしB）の致死量でない投毒行為によりXは死亡しないので、余計な理論構成をすることなく、A・Bともに殺人未遂を肯定しうるであろう。かようなケースでも、合法則的条件の理論は、適切に妥当な結論を引き出すことが可能なのである。

四　疫学的因果関係

〔設例④〕

ある工場の工場長Aは、有機水銀を含んだ工場の廃水を垂れ流しにしていたところ、工場の廃水を流している川の下流で魚介類を摂取し、それらを摂食していた住民の多数に中枢神経に麻痺を生じさせる疾病が発生し、死亡する人も出た。有機水銀の中枢神経に対する影響の病理メカニズムは不明であった。Aの廃水垂れ流し行為と住民の傷害ないし死亡との間に因果関係はあるか（最決昭和六三・二・二九刑集四二・二・三一四頁）。

本件は、いわゆる水俣病刑事事件であるが、水銀垂れ流し行為と住民の発病による死亡ないし傷害についての因果関係は不明であったというものである。そこで、従来の条件関係の公式「AなければBなし」を確認することは、ここでもできない。しかし、合法則的条件の理論によれば、「合法則的条件における『法則』とは、必ずしも確立した自然科学的因果法則であることを要しない。科学法則のみならず、経験的知識にもとづく『経験則』も、科学法則と明白に矛盾しない限り、ここでいう『法則』である。したがって、自然科学的なメカニズムが解明されていない場合でも『経験則』が認められる場合がある。例えば、カドミウムの摂取がもたらす病理機序が病理学的に解明されていなくても、疫学的証明によって『経験則』上の関係が証明されれば合法則的条件であることを肯定してよい。[51]」とされる。

合法則的条件の理論は、前述の択一的競合の問題や、ここで問題となっている因果法則の存否が確認されていない場合の具体的因果関係の判断（疫学的因果関係のような場合）でも、決定的な重要性をもちうるのである。

ところで、疫学と疫学四原則といわれるものについては、疫学とは、疫病の流行を研究対象としており、それを

集団現象として考察し、統計的手法による大量観察の方法を用いて疫病の発生原因を診断し、それの対策を立てることを目的としている学問である。疫学的証明は、このような疫学的手法を用いてなされる立証であり、これによって証明された因果関係を疫学的因果関係という。

そして、疫学四原則とは、①その因子は発病の一定期間前に作用するものであること（第一原則）。②その因子の作用する程度が著しい程、その疾病の罹患率が高まること（量と効果の関係――第二原則）、③その因子の分布消長の立場から、記載疫学で観察された流行の特性が矛盾なく証明されること（その因子がとり去られた場合その疾病の罹患率は低下すること、その因子をもたない集団では、その疾病の罹患率がきわめて低いことなど――第三原則）、④その因子が原因として作用する機序（メカニズム）が生物学的に矛盾なく説明されること（第四原則）の以上四つである。[52]

かような合法則的条件の理論に基づく疫学的証明は、［設例④］の水俣病刑事事件等の公害事件や薬害事件の因果関係を判断するために有用であるほか、すでにこれら以外に適用された例として、千葉大チフス事件、さつまあげ中毒事件などがある。前者の千葉大チフス事件（第一審＝千葉地判昭和四八・四・二〇判時七一一・一七頁、第二審＝東京高判昭和五一・四・三〇判時八五一・二一頁、第三審＝最決昭和五一・五・二五判時一〇四六・一五頁）で、この千葉大チフス事件とは、昭和三九年から四一年にかけて、千葉、神奈川、静岡の各地でみられた集団赤痢、腸チフスなどの発生があり、一三の公訴事実について被告人である医師が、経口投与、注射などの方法により、また、赤痢菌などを振りかけたり混入したカステラ、カルピス、バナナを飲食させて、六〇余名に赤痢などに罹患させたという事案であり、本件の第一審は、「疑わしきは被告人の利益に」の原則に従って被告人を無罪としたが、第二審では、逆転有罪とされた。控訴審では、「疫学的証明ないし因果関係が、刑事裁判上の種々の客観的事実ないし証拠又は情況証

拠によって裏付けられ、経験則に照らし合理的であると認むべき場合においては、刑事裁判上の証明があったものとして法的因果関係が成立するということができ、有罪の認定を妨げるものではない」とし、さらに「原判決は、疫学上の証明ないし因果関係と刑事裁判上のそれとの相互の関連について、基本的には当裁判所と同一の見解に立つものと解され、その限りにおいては正当であると認められるが、本件に対する具体的適用において判断を誤ったものといわざるをえない」とする。上告審では、疫学的因果関係（証明）につき、原判決を合理的な疑いをこえる確実なものとして事実を認定して、「なお書き」として、「原判決は、疫学的証明があればすなわち裁判上の証明があったとしているのではなく、……本件各事実の因果関係の成立にあたっても、右立場を貫き、疫学的な証明のほかに病理学的な証明などを用いることによって合理的な疑いをこえる確実なものとして事実を認定していることが認められるので、原判決の事実認定の方法に誤りはないというべきである。」と判示した。

後者のさつまあげ中毒事件（第一審＝仙台地判昭和四九・一〇・一一判時七六三・二四頁、第二審＝仙台高判昭和五二・二・一〇判時八四六・四二頁）の事実の概要は、被告人が代表取締役を務める会社の工場で製造・販売したさつまあげがサルモネラ菌に汚染されており、それを食べた者が三一〇余名食中毒症状を起こし、うち四名が死亡したというものであるが、第一審は「さつまあげと食中毒との間の因果関係は一応」これを肯定しつつ、過失につき「疑わしきは罰せずとの大原則に従うべきである」として無罪とした。第二審は、「本件は、事柄の性質上いわゆる疫学的立証が要請される事案」であるという。検察官の「油煠後放冷機上汚染」との陳述は「訴因」ではなく、一応の見解の表明にすぎないのに、原裁判所は、「訴因」ととらえ、本件公訴事実については証明が十分ではないとして無罪とした。第二審は、これを破棄し原裁判所に差し戻した。「裁判所の見解」においては、「疫学的に構成が可能な事

実の特定」としては、「汚染源は工場内であることが特定されて」おれば「可能な事実の特定」となるとする[53]。

さて、本［設例④］の水俣病刑事事件において、第一審判決では、「疫学的見地からみれば」排出行為と被害者の発症との間の「個別的因果関係は存在する」とした。第二審では、「原判決は勿論病理学的その他の経験則を基礎に右各情況証拠を総合し、これにより本件被害者らの発症につき所論の個別的因果関係を是認していることは明らかである」とした。上告審では疫学的因果関係には言及されていない。

かようにして、従来の因果関係の公式「AなければBなし」で説明がつかない場合でも、合法則的条件の理論の立場から、疫学的に証明された「法則」に則って因果関係の存在が認められるという意味での疫学的証明も、通常の因果関係とは異ならない[54]、として因果関係の肯定が可能となるのである。

(17) *Karl Engisch*, Die Kausalität als Merkmal der strafrechtlichen Tatbestände, 1931, S.14.
(18) *Engisch*, Kausalität [Anm.17], S.15f.
(19) *Günter Spendel*, Die Kausalitätsformel der Bedingungstheorie für die Handlungsdelikte, 1948（筆者未見）。林（陽）『因果関係理論』前掲注（4）四三頁以下参照。
(20) *Spendel*, Kausalitätformel [Anm.19], S.bes. S. 38 und S.92（zitiert nach *Armin Kaufmann*, Die Dogmatik der Unterlassungsdelikte, 1959,S.59）.
(21) 平野龍一『刑法総論　I』（有斐閣　一九七二年）一三五頁。
(22) 大谷　實『刑法講義総論　新版第四版』（成文堂　二〇一二年）二一〇頁。
(23) 前田雅英『刑法総論講義〔第六版〕』（東京大学出版会　二〇一五年）一二八頁注（2）。
(24) 山中『刑法における因果関係と帰属』（成文堂　一九八四年）一七―一八頁。

(25) 林（陽）『因果関係理論』前掲注（4）四三頁。
(26) 林（陽）『因果関係理論』前掲注（4）四三頁。
(27) 林（陽）『因果関係理論』前掲注（4）四四頁。
(28) 林（陽）『因果関係理論』前掲注（4）四四頁。
(29) 林（陽）『因果関係理論』前掲注（4）四四頁以下。
(30) 町野　朔『刑法総論講義案 I〔第二版〕』（信山社　一九九五年）一五三―一五四頁。なお、本説の依拠者として、山口　厚「因果関係」芝原邦爾ほか編『刑法理論の現代的展開　総論I』（日本評論社　一九八八年）四五頁以下、とくに五四頁（もっとも、山口教授は、その後改説されている〔山口『刑法総説〔第二版〕』（有斐閣　二〇〇七年）五四頁〕）。なお、内田文昭『刑法概要　上巻〔基礎理論・犯罪論（1）〕』（青林書院　一九九五年）三四〇、三四三頁など参照。
(31) 町野『犯罪論の展開　I』（有斐閣　一九八九年）一三〇頁。
(32) 町野『犯罪論』前掲注（31）一二四頁。
(33) *Engisch*, Kausalität [Anm.17] .S.21.
(34) 山中『総論』前掲注（2）二六〇頁。
(35) 林（陽）『因果関係理論』前掲注（4）六六頁以下、井田　良『刑法総論の理論構造』（成文堂　二〇〇五年）五二頁、西田典之『刑法総論　第二版』（弘文堂　二〇一〇年）九八頁、岡本　勝「『抽象的危殆犯』の問題性」（法學三八巻二号　一九七四年）二九頁以下、高橋則夫『刑法総論　第二版』（成文堂　二〇一三年）一一六頁。なお、成瀬幸典「条件関係について」（『大野眞義先生古稀祝賀』〔世界思想社　二〇〇〇年〕一二六頁以下、北野通世「条件関係の意義」『小田中聰樹先生古稀記念論文集　下巻』（日本評論社　二〇〇五年）一二六頁以下など。
(36) 吉岡一男『因果関係と刑事責任』（成文堂　二〇〇六年）七―八頁。
(37) 林（陽）『因果関係理論』前掲注（4）六八―七〇頁。
(38) *Hans-Joachim Rudolphi*, Systematischer Kommentar zum StGB, Bd. 1 Allgemeiner Teil, 1975, S.25.

(39) 平野『総論』前掲注 (21) 一三五頁以下。
(40) 町野『犯罪論』前掲注 (31) 二〇四頁以下。
(41) 町野『犯罪論』前掲注 (31) 二〇四頁。
(42) 山中『犯罪論の機能と構造』(成文堂　二〇一〇年) 一三六頁。
(43) 佐伯仁志『刑法総論の考え方・楽しみ方』(有斐閣　二〇一三年) 五三頁参照。なお、山中『機能と構造』前掲注 (42) 一三六頁注 (2)。
(44) 内田文昭『改訂　刑法Ⅰ (総論)〔補正版〕』(青林書院　一九九七年) 一四五頁。
(45) 内田『総論』前掲注 (44) 一四六頁。
(46) 内田『総論』前掲注 (44) 一四六頁。
(47) *Ludwig Traeger*, Der Kausalbegriff im Straf-und Zivilrecht, 1929, S.46. (筆者未見。林 (陽)『因果関係理論』前掲注 (4) 四六頁の引用による)。
(48) 平野『総論』前掲注 (21) 一三八頁。
(49) 大塚　仁『刑法概説 (総論)〔第四版〕』(有斐閣　二〇〇八年) 二三四頁以下、西原春夫『刑法総論』(成文堂　一九七七年) 一〇四頁、大谷『総論』前掲注 (22) 二二二頁、前田『総論』前掲注 (23) 一二八頁注 (1)、川端　博『刑法総論講義　第三版』(成文堂　二〇一三年) 一四七頁。
(50) 大塚『総論』前掲注 (49) 二三五頁。
(51) 山中『ロースクール講義　刑法総論』(成文堂　二〇〇五年) 一二六頁。
(52) 吉田克己「疫学的因果関係と法的因果関係」(ジュリスト四四〇号　一九六九年) 一〇七頁参照。
(53) 山中『総論』前掲注 (2) 二六四―二六五頁参照。日本弁護士会編『刑事裁判と疫学的証明』(日本評論社　一九八一年) 一六五頁以下。
(54) 山中『総論』前掲注 (2) 二六四頁。

第四節　おわりに

以上の考察・検討から、すでにみたように条件説の意義と問題点では、条件関係が認められるかぎり因果関係を認めようとする見解から、先ず行為と結果の条件関係は無限に遡及し、結果の行為への帰属の範囲が刑法の目的に適合せず、条件公式が条件関係の発見に役立たないこと、さらにかような見解から、主観的未遂・共犯論に導くという問題点がある。次に、「条件関係論」の問題性として、第一に「仮定的因果関係」につき、当然因果関係が存するものと考えられるものについても、条件関係の公式をそのまま適用し、因果関係を否定しようとする見解があり、それを嫌って通説は「付け加え禁止原則」をもち出し条件関係修正説を唱えることによって、条件関係を肯定しようとする。しかしながら、本説も問題点が続出するのである。そこで、合法則的条件の理論によれば、これらの問題は氷解し難なく因果関係が肯定されることがわかった。第二に、合義務的態度の代置でも、通説は適切な帰結に至らないにもかかわらず、合法則的条件の理論によれば、その因果性を見事に適切に説明することができる。さらには択一的競合の場合には、条件関係が否定されざるをえないので、現に結果が発生しているのに未遂にとどめるとする見解や、通説は条件関係修正説をもち出し、「いくつかの条件のうち、どちらかを除去しても結果は発生するが、共に除去すれば結果が発生しなかったであろう場合は、そのすべてに条件関係が認められる」として、条件関係を肯定しようとするのであるが、本説は、共同正犯ではなく同時犯にすぎないので、個別的に条件関係を確定すべきであって、全体として取り除くのは、条件関係の本旨に悖るという決定的な批判が妥当する。それらに対し

て、合法則的条件の理論によれば、致死量の毒薬を与えた場合に人は死亡するかという、「AならばB」の関係とみるので、何の問題もなくその条件関係を肯定することができる。そのことは、重畳的因果関係についても同様である。

最後に、合法則的条件の理論のもう一つの重要な問題群、すなわち因果法則の存否が確認されていない場合の具体的因果関係の判断、すなわち「疫学的因果関係」が問題となるような場合には、合法則的条件の理論のみが、適切な結論へと導きうるのである。

以上のような検討の結果、「合法則的条件の理論」のみが、最も適切で妥当な唯一の理論であるというのが、本稿の一応の結論である。

補論

《紹介》クラウス・ロクシン「未遂の処罰根拠について」

Claus Roxin, Über den Strafgrund des Versuchs; in: Festschrift für Haruo Nishihara zum 70. Geburtstag. 1998. S. 157 ff.（＝『西原春夫先生古稀祝賀論文集　第五巻』一九九八年一五〇頁以下）

はしがき

筆者クラウス・ロクシンはドイツにおいて傑出した刑法学者であり、わが国でも周知の如くその令名は高い。したがって、ロクシン自身を紹介する必要は全くないといえよう。

さて、ロクシンは本稿において、一九八八年九月にケルン大学で催された独・日刑法コロキゥームで議論の中心であった未遂の処罰根拠および不能未遂の可罰性という重要なテーマにつき（このコロキゥームを纏めたものとして、Hirsch/Weigend（Hrsg.）. Strafrecht und Kiriminalpolitik in Japan und Deutschland. 1989 がある）、再度ドイツ人の目から見て、一〇年前のケルンでの議論を再検討し、この会議での議論の継続として本稿が書かれたものとされている。したがって、日本における問題状況とは異なるドイツの法状況を提示し、独・日両国の争点の相違がどこにあるかを探る意味でも極めて重要な論策といえよう。

では、以下順次本論文を紹介する。

一九八八年九月にケルン大学で催され、被祝賀者である西原春夫が開会講演を行なった独・日刑法コロキューム は、全ての出席者に忘れられないものである。本会議の刑法ドグマーティクの議論の中心テーマは、刑法が主観的尺度よりも客観的尺度で方向づけられるべきかどうかということが問題であった。ドイツの学説は主観的であるが、日本ではむしろ客観的傾向が支配している。その会議で、三つの報告（平野、中、ヴァイゲント）が詳細に論ぜられ、かつ意見交換でも重要な役割を演じたのは、未遂の処罰根拠および不能犯の可罰性の問題性であった。そこで、ドイツ人の目から見て、一〇年前にケルンでの意見交換の継続として本稿が書かれたものである。

未遂の処罰根拠は、なぜ立法者が未遂を処罰するのかの問題である。以下では、まず自説を略述し、続いて、最も重要な異説との論争の中で深化したいと思う。

一　構成要件に近接した危殆化、あるいは構成要件に近接した法動揺的な規範違反としての未遂（統合説）

本説によれば、未遂の処罰根拠は、通常は故意の構成要件に近接した（tatbestandsnahe）危殆化、例外的には構成要件に近接する行為の中で表明される法動揺的な規範違反（Normbruch）に由来する一般予防もしくは特別予防的な要罰性（Strafbedürfnis）の中に存するとする。

本説の特色は、未遂の処罰根拠を二つの異なる根源に還元されることにあり、一次的には有能未遂（tauglicher Versuch）の中にある構成要件に近接した危殆化を目指し、二次的には不能未遂を特徴づける構成要件に近接した法動揺的な規範違反である。その際、有能未遂を担う危殆化原理の優位は、四つの理由から正当化される。

まず第一に、未遂は既遂よりも軽く罰せられうること（§23II）であり、ここでは、危殆化思想（Gefährdungsgedan-

ke）が基礎づけられている。危殆化が侵害との関係において、いくらか軽いものであろうということは、われわれの刑法に浸透している思想である。これに対し、「規範違反」の思想が表面に出るなら、未遂と既遂は原則的に同様に処罰することが首尾一貫しており、すなわち、犯罪意思に関しては既遂も未遂も区別がないからである。

第二に、未遂処罰に関する危殆化思想を優先させた場合、構成要件の充足を目指すが全く危険でない場合、すなわち、著しく無知な未遂（§23III）および不可罰の迷信犯のように、軽い程度または不可罰ということが妥当とされよう。これに対し、規範違反によれば、主観的成分の中に、未遂の処罰根拠があることになり、広範囲にわたる可罰性が存在することになろう。

第三に、結果に至るのはほど遠いものであるにもかかわらず、立法者は予備行為を特に危険なものと考えているということを明らかにする。しかし、予備行為の処罰について、危殆化思想が表面化されるなら、未遂の処罰根拠にとって全く違ったものが妥当するとすれば、それは評価矛盾であろう。

第四に、有能未遂の可罰性が刑法の法治国家的かつドグマーティシュな基礎と一致するなら、他方で、不能未遂はドグマーティシュな特殊性として、補足的な正当化を必要とするだろう。有能未遂は、危殆化のように既遂への通過段階であり、これに対し、構成要件的に重要でない、危険でもない不能未遂では欠如するのである。また、構成要件を構成する客観的帰属論には、有能未遂のみが適合し、その実現が既遂を特徴づける許されない危険の創設（Schaffung）にある。しかし、不能未遂では、何らの危険もないのである。

だが、他方、不能未遂は有能未遂と同様多くの類似性がある。まず、不能未遂は、特別予防的な刑罰の必要性の観点では同様である。有能未遂並びに不能未遂の行為者は、彼が犯罪の挙行のための能力があり、かつ意思がある

ことが示される。したがって、不能未遂の処罰は心情刑法であるとはいえない。けだし、行為者はただに彼の悪しき意思を示すものではなく、これを（彼の表象に従うとはいえ）、実行行為に転換するからである。

構成要件の側面および客観的視点また一般予防的な視点では、二つの未遂の種類は、相互に同一ではない。けだし、有能未遂は構成要件の範囲にかかわり、そしてその中にある危殆化の故に、法秩序に手向かう一方で、不能未遂の場合は、構成要件に近接する危険は行為者の表象の中にだけ存在するにすぎない。不能未遂は客観的に無であろうということを意味するなら、その処罰は正当化され難いであろう。だが、不能未遂は平和の攪乱（Friedensstörung）を基礎づける。すなわち、それは公衆の法的安全感情を害し、それによって「法攪乱的印象」を呼び起すのである。例えば、だれかが、行為者に知られていない構造上の欠陥のために元来爆発しえない爆弾を投げるとすれば、公衆の中にある不安、そして国家的な制裁的干与に対する要求が喚起されよう。不能未遂は、現実的な危殆化のない、平和攪乱犯（Friedensstörungsdelikt）である。

有能未遂と不能未遂は――§23III を度外視して――同一の刑罰枠のもとに置かれるのはどうしてかという問題が提起される。刑罰がまず方向づけられている責任は、不能未遂並びに有能未遂の行為者には同一であり、そして、特別予防的な要罰性は、多くの場合区別されないのである。不能未遂の客観的重点は、所与の結果を顧慮した場合に（§46II）、減軽的に妥当せしめられうるのである。

他方、不能未遂の主観的な行為者の危険性と客観的な法攪乱的な印象という二つの要素への還元は、著しい無知者（§23III）の減軽、および迷信犯の不処罰を明らかにする。けだし、著しく無知な平和攪乱的作用は本質的に軽いものであり、著しく無知な未遂は不安よりも嗤いを引き起こし、それ故減軽しうるか処罰しえないのである。最

後に、迷信犯は、彼の社会的作用が重要でないということで、全く不可罰に止まりうるのである。

ここで展開されている構想は、統合説（Vereinungstheorie）である。つまり、本説は、「客観的な」危険性説、主観的な「行為者説」および「印象説」を相互に結合するものである。本説は、有能未遂を新しい危険説で明らかにし、不能未遂の可罰性を主観的視点において行為者説と客観的視点において印象説でもって根拠づけるのである。かくして、本説は主観的もしくは客観的見解に圧倒的に位置づけるのではなく、未遂の数多くの主観的および客観的要素を総合（Synthese）へともたらすものである。本説は、すでにコールラウシュ＝ランゲが展開した理論、彼らのいう「統合説」を継承するものである。彼らは以下のように述べる。「行為が、攻撃された法益にとって危険であり、あるいはさもなくば行為者を法益の危険な攻撃者として示されるときに、可罰的な未遂が存在するのである。」と。ここでも、所為（Tat）の客観的危険性と行為者の主観的な危険性という二つの根源が明確に区別される。

ここで未遂が、二重の根源――一次的に構成要件に近接する危殆化および二次的に構成要件に近接した法攪乱的規範違反――から引き出されるとするなら、不能未遂の可罰性は、ドイツでたいてい受けいれられている程に自明なことではないということに対して、その理解を強化すべきである。一九三〇年頃はほとんど全ドイツの学説は、危殆化の中に未遂の唯一の処罰根拠を見出していた。今日でも、外国法では（例えば、オーストリア、イタリア、オランダ、アメリカ、日本）、不能未遂は処罰されないのである。ドイツの学説が今日、不能未遂の当罰性を認めるのは、理論史的には目的的行為論によって浸透した人的不法の承認と関連している。すなわち、不能未遂は有能未遂と同一の行為無価値が認められるのであるから、その当罰性には疑念がない。だが、その際、未遂にも特別の結果無価値（危険性、平和の攪乱）が適合するということは、看過されてはならない。

勿論、これに対する反対説もあり、犯罪的でない形態で始められた不能未遂（例・毒殺を決意した者が、手違いから砂糖をコーヒーに混入する）であるということで、処罰の必要性を疑問とし、不処罰となしうるであろう。かくして、不能未遂が処罰されるということは、直ちに全ての諸事例において統一的な未遂の処罰根拠が生ずるのではなく、有能未遂の処罰根拠をとくに拡張し、立法者の補足的決定を要し、立法者の決定は十分可能であるが、決して強制的なものではない。

二　客観的未遂論

有能未遂の通常の事例にとって、今日ドイツにおいて全く圧倒的な見解に対して、未遂の処罰根拠を正しく表示する客観説は、以前ドイツでは支配的なものであった。明らかに一八七一年の刑法典は、不能未遂の可罰性を未決定なものとしたのである。だが、現行法によって疑念のない不能未遂の可罰性のために、本説は最早未遂の可罰性の十分な解明に適していない。にもかかわらず、有能未遂のためのその意義故に、依然として論及を必要とする。けだし、その長所は独自の見解の枠内において評価されよう。そして、一部は以前の議論を決定した有能および不能未遂の限界づけという困難な問題は、決して詳細な取り扱いを必要としない。というのも、不能未遂の可罰性のために、問題とならないからである。

本説を「客観的」と表示するのは、誤り導くものである。けだし、一切の「客観」説は、主観的要素を受け入れており、故意と行為計画は、一切の客観説にとって、未遂の規定にとり重要である。かくして、危殆化説も

しくはもっぱらな客観説と述べる方がよいと思われるが、ここでは、理解を困難ならしめないために、伝統的な術語を用いることにする。

客観説の正しい形態として、（新しい）危険説（ヒッペル）を顧慮しなければならない。これによれば、慎重な平均的観察者、補足的に行為者の知見を基底として、結果を事前的に真摯なものとして考えられるときに、未遂は危険である（したがって、有能である）。仮定的観察者が、行為者に以下のように叫ぶだろう。すなわち、有能未遂の場合「止めなさい！」これに対し、不能未遂の場合、「お前は馬鹿だ」と。

危険性説は、まずリストによって主張され、その後、ヒッペルによってみごとに改良されたものである。本説の長所は、客観的帰属の理論と危険概念とを一致させ、それでもって、構成要件論のドグマーティシュな基礎をつぎめなく接合するからである。それに対し、その短所は、危険性の概念は不可罰な予備から未遂を限界づける何らの尺度もない点である。だが本説は、構成要件に近接する危険とか、独自の危険（Gefahr sui generis）と言うほうがよいだろう。

三　主観的未遂論

主観説によれば、未遂の処罰根拠は行為者による法敵対的な意思の確証にある。本説は、かつてからライヒ裁判所（RG）によって主張され、連邦裁判所（BGH）にも継承されており、学説上も、少なからざる依拠者もいるのである。

主観説の根拠づけは、ライヒ裁判所刑事部の判断に含まれている二つの論拠に基づく。第一に、未遂においては、犯罪的意思が、刑法が向けられているその現象であるということ。第二に、犯罪意思の強調と並んで、危険および危険でない未遂の間を区別しえないとする主張である。

現行法上、不能未遂の原則的な可罰性から出発する場合でも、まず第一に、確証された犯罪意思を未遂の可罰性の基礎とすれば、三つのことが述べられる。第一に、なぜ未遂が諸事例の一部しか罰せられず、原則上既遂より軽減されるのか、またなぜに、著しく無知な未遂が別の軽減または刑が免除されるのか、さらに、なぜに迷信犯が不可罰となるのかを明らかにしていない。第二に、主観説からは、なぜに予備行為が原則的に不可罰なのかも理解できない。けだし、予備であっても法敵対的意思が明らかとなるからである。最後に、未遂の処罰根拠は意思の中に、既遂の場合は結果の中にある。

結果の欠如は、行為者の行為の非危険性を示し、既にこの理由から、危険なおよび危険でない行為は区別しえないとするライヒ裁判所の第二の論拠は、今日明白に否定され、ほとんど主張されないのである。それは、ブーリの等価説に基づき、因果的に区別できないとする自然主義的な誤った帰結に基づくのである。既に、v・ヒッペルはいやみにも、適切に以下のように述べた。「v・ブーリとライヒ裁判所によれば、われわれの全ての本国へ帰還する参戦者は、いかなる危険の中にも陥らなかった。彼らはこのことをなるほど考えた……がしかし、それは……錯誤であった。戦死者のみが危険の中に陥いった！けだし、因果経過は客観的に必然的であり、生存者は危険の中に陥らなかったのだ！」と。

かくして、主観説は、その従来の形態において支持しがたく、現行法とも矛盾する。そこで、「主観主義的未遂

論の支流」は、「行為者の危険性への特別予防的な方向づけ」に従うものである（行為者説。E・v・リスト、ランゲ、ボッケルマン）。

本説は、純主観的な「意思」を目指す理論よりもより良く、単なる予備の不処罰および著しく無知な未遂の減軽処罰を明らかになしうるのである。しかし、未遂処罰の正統化のために、常に客観的危殆化、もしくは少なくとも行為者によって生じた平和の攪乱に依拠しなければならないであろう。

主観説のもう一つのバリアンテとして、ヤコブスの見解をも問題としうるのであり、これによれば「未遂の処罰根拠は、規範違反の表出」である。かような規範違反は、迷信犯には欠如する。また、既遂の所為と不能未遂との間に、不法に関連して何らの相違も存在しないとすれば、このことはまさに不法の原型となる。ヤコブスは、犯罪の中に「諸財の侵害の一次的作用ではなく」、「規範通用の侵害」を見ることを通して、彼は心情刑法に近い主観化のために、行為刑法の客観的基礎を開放するのである。

構成要件の中で保護されている財の侵害が、不法にとって全く問題とならないときには、なぜに規範違反が「構成要件に近接している」のか？当罰的な不法は刑法的に保護された社会的価値に対する積極的な反抗の中にあるとすれば、予備と未遂の間の限界線引きにとっての理論的に根拠づけ可能な尺度を欠くのではなく、予備行為が一般に可罰性から排除されているという事実にとっての解明を欠くのである。

四　印象説

以前はまばらに、そして今日では様々の強調の違いはあるもののしばしば主張されている理論は、未遂の処罰根

拠を行為者の行為が喚起した法動揺的印象で根拠づける。たとい結果が欠落するとしても、行為者の態度は、処罰を要求する社会的平和の攪乱を根拠づける。この理論は、主観と客観との間の、すなわち意思不法と危殆化不法の中間を保持するのである。すなわち、本説はただに確証された犯罪的意思のみならず、公衆に対する印象をも処罰への誘因とするものである。本説はまた、まさしく十分に、既遂、通常の、著しく無知なおよび迷信的未遂の間に可罰性の相違を明らかにするものであり、予備行為は全く不可罰だとするのである。

本説が今日ほとんど支配的なものであるにもかかわらず、新たな公刊物において断固たる矛盾を経験してきた。「法動揺的な印象」は実際上、何ものかを明らかにしうるほどに交換可能で不明確であるという異論は適切ではない。行為者の行為が、すべての外部的かつ内部的な事実を知っている思考上の平均的観察者に、法動揺的印象を喚起するに適しているかどうかが決定的たらねばならない。かくて、価値判断が問題となるが、この基礎上に止まっている疑念もまた存在する。

まず、この構想は、既遂を含めて犯罪的態度の全現象形態に適合し、かくして本来未遂に特有なものを何ら含んでいず、まさに不能未遂だけが切断される観点に、すべての可罰的行為を環元するということは、批判すべきである。

つぎに、「法動揺的印象」に関連して、未遂は予備から非常に不正確にしか限界づけられない。けだし、決意した予備行動も、法的安全性の一般的感情を害するに適している。不可罰と可罰との間の限界が生ずるところでは、印象の尺度でなく、刑法の法治国家的基礎に方向づけられた構成要件近接の観点からのみ推定されるのである。

最後に、外観上統一的な法動揺的印象は、一部では客観的危殆化から、また一部では規範違反によって喚起され

た平和の動揺からのみ引き出されるということを何ら変更するものではない。実際上回避できない未遂の根拠づけの複線性はまた、印象説の公式妥協によってもまた、実際上克服されないのである。

あとがき

わが国では　未遂・不能犯論については、伝統的な「主観説」と「客観説」との対立を経て、客観説が通説化したが、その内部で、例えば、不能犯論については「具体的危険説」か「客観的危険説」かの対立（もっと言えば、結果無価値論か行為無価値論か）が論争の主戦場になっている。

それに対して、ドイツでは現行刑法典第二三条三項に不能犯規定が存在するので、日本とドイツの判例・学説とは異なった状況にあるといえよう。尤も、これら両国の状況の相違にもかかわらず、本稿で、ロクシンはドイツの状況を提示し、その論拠を詳細に論じたことは、逆に、わが国の将来あるべき理論的方向性を模索するための重要な誘因を提供するものといえよう。いずれにせよ、平野龍一博士が一〇年前のケルンでの日・独コロキゥームで報告されたように、ドイツの理論は主観的であり、その意味で（刑法の主観化を避けるためにも）、本稿は反面教師たりうるであろう。

久留米駅事件

最高裁昭和四八年四月二五日大法廷判決
（昭和四三年（あ）第八三七号：住居侵入、公務執行妨害被告事件）
（刑集二七巻三号四一八頁、判時六九九号一〇七頁、判タ二九二号一九九頁）

一　事実の概要

被告人三名は、国鉄労働組合門司地方本部または支部の役員として、昭和三七年三月に同組合が行った年度末手当要求闘争に参加した者であるが、同月三〇日久留米駅東てこ扱所二階の信号所の勤務者三名に対して翌三一日の勤務時間内二時間の職場集会に参加することを勧誘・説得・確保する目的で、同駅長が管理し係員以外の者の立入りが禁止されている信号所に立ち入ったとして、建造物侵入罪で起訴された。

第一審判決（福岡地久留米支判昭和四一・一二・一四刑集二七巻三号五二一頁参照）は、建造物侵入罪の成立を認めたが、控訴審判決（福岡高判昭和四三・三・二六判時五一六号二五頁）は、「憲法二八条に基づく基本的な法の規制態度等にかんがみるときは、争議行為が労働組合法一条一項の目的を達成するためのものであって、それが政治目的で行なわれたとか、暴力を伴う場合とか、社会通念に照らして不当に長期に及ぶときのように国民生活に重大な障害をもたらす場合のような不当性を伴わないかぎり、刑事制裁の対象とはならないものであり、また、労働組合員らの信号所

への立入りを列車運行上の抽象的一般的危険があるゆえをもって制限することは労働基本権の保障に十分であるとはいえない等の見解を示したうえ、結局、被告人らの参加した争議行為は、右のような不当性を伴うものではないこと等を理由として、被告人ら三名の前記信号所立入りの各行為は、刑事制裁の対象とはならない旨判断し」て、建造物侵入罪の成立を否定した（なお、カギ括弧部分は、最高裁による的確な要約である〔前掲刑集四二一五頁〕）。そこで、検察官が上告した。

二　判　旨

原判決破棄・差戻し。

「勤労者の組織的集団行動としての争議行為に際して行なわれた犯罪構成要件該当行為について刑法上の違法性阻却事由の有無を判断するにあたっては、その行為が争議行為に際して行なわれたものであるという事実をも含めて、当該行為の具体的状況その他諸般の事情を考慮に入れ、それが法秩序全体の見地から許容されるべきものであるか否かを判定しなければならないのである。

これを本件について見るに、信号所はいうまでもなく、列車の正常かつ安全な運行を確保するうえで極めて重要な施設であるところ……、原判決の判示するところによれば、被告人Xは、当局側の警告を無視し、勧誘、説得のためであるとはいえ、前記のような状況のもとに、かかる重要施設である久留米駅東てこ扱所二階の信号所の勤務員三名をして、寸時もおろそかにできないその勤務を放棄させ、勤務時間内の職場集会に参加させる意図をもって、あえて同駅長の禁止に反して同信号所に侵入したものであり、また、被告人YおよびＺは、労働組合員ら多

数が同信号所を占拠し、同所に対する久留米駅長の管理を事実上排除した際に、これに加わり、それぞれ同所に侵入したものであって、このような被告人ら三名の各侵入行為は、いずれも刑法上違法性を欠くものでないことが明らかであり、また、このように解して被告人ら三名の刑事責任を問うことは、なんら憲法二八条に違反するものではない。」（なお、被告人Xに関する色川幸太郎裁判官の反対意見がある。）

三　解説

一　まず、憲法二八条は労働基本権の保障を規定し、それを受ける形で労働組合法一条二項は「正当」な争議行為については刑法三五条の適用が認められることにより、違法性が阻却される旨規定している。しかしながら、旧国鉄等の職員・組合に対しては、旧公共企業体等労働関係法（以下、公労法と略す）一七条一項により、争議行為は禁止されていた。だが、公労法違反の争議行為やそれに随伴する行為を単純に犯罪構成要件に該当するとして形式的・外形的に可罰性を肯定したのでは、憲法二八条の趣旨を没却することになる。

さて、判例の動向をみてみると、当初、最高裁は国労檜山丸事件判決（最判昭和三八・三・一五刑集一七巻二号二三頁）で、公共企業体職員は争議行為を禁止され、「争議権自体を否定されている以上、その争議行為について正当性の限界如何を論ずる余地はなく、したがって労働組合法一条二項の適用はないものと解するのが相当である」として、被告人らに艦船侵入罪の成立を認め、消極説に立っていた。しかしその三年後に、全逓東京中郵事件判決（最大判昭和四一・一〇・二六刑集二〇巻八号九〇一頁）によりこれがくつがえされ、積極説の立場に転ずることになった。さらに、非現業地方公務員に関するいわゆる「あおり罪」につき、「二重のしぼり論」を展開しこれを具体化

した都教組事件判決（最大判昭和四四・四・二刑集二三巻五号三〇五頁）および非現業国家公務員に関する全司法仙台事件判決（最大判昭和四四・四・二刑集二三巻五号六八五頁）が出されるに至った。しかしこれらを逆転させ、「二重のしぼり論」の適用を否定した全農林警職法事件判決（最大判昭和四八・四・二五刑集二七巻四号五四七頁、なお、この判決は本久留米駅事件判決と同日に下されたものである）を経て、名古屋中郵事件判決（最大判昭和五二・五・四刑集三一巻三号一八二頁）により、全逓東京中郵事件判決はくつがえされることになり、現在に到っている。

二　さて、本判決は、労組法一条二項の適用の可否については触れずに、「勤労者の組織的集団行動としての争議行為に際して行なわれた犯罪構成要件該当行為について刑法上の違法性阻却事由の有無を判断する」にあたり、当該行為の具体的状況その他諸般の事情を考慮に入れ、「法秩序全体の見地から許容されるべきものであるか否かを判定しなければならない」という一般的な違法判断の基準を示し、この基準が「久留米駅事件方式」と呼ばれ、その後の労働刑事事件を中心とする可罰的違法性の判断基準として適用され、広く定着するに至ったという点で特に重要な意義がある。

すなわち、この「久留米駅事件方式」は、横浜中郵事件第二次上告審の最決昭和四九・七・四（判時七四八号二六頁）や、ピケ行為につき機関士・同助手の腕をかかえるなどして強いて下車させた動労尾久駅事件の最決昭和四九・七・一六（刑集二八巻五号二一六頁）に適用された。この久留米駅事件方式は、その後民間の争議行為においても適用され、最高裁の各小法廷は可罰的違法性論の適用による消極の控訴審判決に対する検察官の上告を実質的に容認し、原判決を破棄した判決を昭和五〇年から五一年にかけて相次いで言い渡すことになった。その最初の判決が、日本鉄工所事件の最判昭和五〇・八・二七（刑集二九巻七号四四二頁）である。同判決において最高裁は、本判決

を援用して、被告人らの行為は、「法秩序全体の見地」からこれをみれば、原判決の判示するその動機目的、具体的状況、その他の事情を考慮しても到底許容されるものとはいい難く「可罰的違法性を欠くとして各被告人に対し無罪を言渡した原判断には法令の違反があ」るとしてこれを破棄し、一審の有罪判決を維持した。同事件に類似する労働事件である光文社事件の最判昭和五〇・一一・二五（刑集二九巻一〇号九二八頁）も同様に本判決を引用し、「本件逮捕行為は、法秩序全体の見地」からこれをみるとき、「原判決の判示する動機目的、所為の具体的態様、周囲の客観的状況、その他諸般の事情に照しても、容認されるべきピケッティングの合理的限界を超えた攻撃的、威圧的行動として評価するほかなく、刑法上の違法性に欠けるところはない」と判示した。また、翌昭和五一年の毎日放送事件に関する最判昭和五一・五・六（刑集三〇巻四号五一九頁）も、本判決を引用し、被告人らの行為は「動機・目的その他原判決の判示する諸般の事情を考慮に入れても、法秩序全体の見地……からして、とうてい許容・宥恕されるものとはいい難く、刑法上、違法性及び責任を欠くものではない」とされた。

さらには、以上のような労働争議行為以外についても、学園紛争にかかる東北大学事件において、最判昭和五〇・一二・二五（刑集二九巻一一号一〇〇七頁）は、「法秩序全体の見地」が引用され、刑法上違法性を欠くものではないとし、「実質的違法性を欠くとして無罪を言い渡した原判断には法令の違反があ」るとした。

三　さて、以上のように本判決は、諸般の行為事情を考慮し「法秩序全体の見地」から刑法上の違法性の有無を判断すべきであるとしたのであるが、この「久留米駅事件方式」は、日本鉄工所事件、光文社事件、毎日放送事件判決にも引用され、東北大学事件判決でも同趣旨の判断が下されたのである。「これは、憲法論的次元の問題は別として、可罰的違法性そのものについての四・二五判決以後の最高裁の基本的立場を示すものといえるであろう」

（米田泰邦『犯罪と可罰的評価』〔一九八三〕二九八頁）。このような「法秩序全体の見地」を援用するのは、あらゆる法的評価は、それが「法的」評価であるかぎり、法秩序全体から決定されるのであるから、可罰的違法性の有無について、実質的になにも説明していないに等しいのである。「法秩序あるいは社会通念が、なにを可罰的違法とし、なにを刑罰に価いする反社会的行為とみるか、が問題の核心であるのに、そこに法秩序や社会通念をもちだすのでは、問に問をもって答えるたぐいのことだからである」（米田・前掲二九九頁）と評されてもしかたがないように思われる。

もっとも、以上みてきたように、本判決後、昭和五〇年代以降、判例は可罰的違法性の欠如を理由とする無罪判決に急激な変化を与え、ほとんど皆無に近くなったことは当然の成り行きであったであろう。現在では、「可罰的違法性の理論」はまったく危殆に瀕しているので、前田雅英教授が指摘されるように「構成要件がそもそも形式的判断ではなく、実質的に処罰に値する程度の法益侵害性の有無を問題にし、実質的違法性判断も形式的ではなく実質的に法秩序に反すると解されるならば、それらには元来処罰に値する程度という視点が入り込んでいたとすることも十分可能である。そうだとすれば、敢えて『可罰的違法性』という概念を用いて議論を錯綜させる必要はない」（前田・後掲四四七頁等）ともいえようが、そもそも可罰的違法論の歴史的意義を没却すべきではなく、また、本久留米駅事件の控訴審が認定したように、建造物侵入罪が成立するためには「抽象的一般的危険」の存在だけで、本罪が成立するものかどうかも検討の余地があるようにも思われるのである。

〈参考文献〉


鈴木茂嗣・百選Ⅰ〈第五版〉三二頁。

平川宗信・百選Ⅰ〈第四版〉三四頁。

山口厚・百選Ⅰ〈第二版〉五〇頁。

佐伯千仭『刑法における違法性の理論』〔一九七四〕。

曽根威彦「可罰的違法性」西原春夫ほか編『判例刑法研究（二）違法性』〔一九八一〕二三五頁。

前田雅英『可罰的違法性論の研究』〔一九八二〕。

中山研一『争議行為「あおり」罪の検討』〔一九八九〕。

被害軽微の場合の可罰的違法性——マジックホン事件

最高裁昭和六一年六月二四日第一小法廷決定
（昭和五八（あ）第五五五号：有線電機通信法違反、偽計業務妨害被告事件）
（刑集四〇巻四号二九二頁）

一　事実の概要

被告人は、会社設立に当たって世話になったことのあるAから、加入電話の回線に取り付けると、その電話を受信側とする相手方送信側の通信料金が徴収されない仕組みとなっている「マジックホン」と称する電気機器の購入を勧められ、一四万四〇〇〇円でこれを二台購入した。被告人は、マジックホンがAの説明どおりの性能をもつのかを試してみようと考え、自己の経営する会社事務所に設置されている電話の回線にマジックホンを取り付け、従業員に命じて公衆電話から通話を試みさせたところ、事務所の電話との間で交信があったのに、公衆電話の方では十円硬貨が返戻されたことを知った。被告人は、マジックホンがAの説明どおりの効果があることを確認したが、その使用につき法律上の不安を覚えるに至った。そこで被告人は翌朝、顧問弁護士に相談したが、同人から使用しない方がよいとの教示を受けたので、直ちにこれを取り外し、他の未使用の一台と共に事務所のロッカーに蔵置し、その後この機器を使用したことはなかった。被告人は、有線電気通信法二一条（昭和五九年法律八七号による改正

前のもの）の有線電気通信妨害罪、刑法二三三条（平成三年法律三一号による改正前のもの）の偽計業務妨害罪の各罪で起訴された。

第一審（横浜簡判昭和五七・三・一六刑集〔参〕四〇巻四号三二五頁）は、（一）購入はAの金銭的窮状を救い、併せて同人に対する昔の不義理の穴埋めをしようとしたこと、（二）捜査官が被告人に絶対迷惑はかけないと約束したため、テストの使用を認め、捜査に協力したこと、（三）マジックホン一台を営業用ではなく私用する電話にのみ取り付けたこと、（四）マジックホンの効能や電話料金が無償になることにつき概括的な認識しかなかったこと、（五）使用はテストの一回にすぎず、翌日弁護士の指示により取り外したこと、（六）電電公社に与えた損害はわずか十円であったにすぎないことなどを認定し、「かりに、被告人の本件所為が、それぞれの構成要件に該当するとしても、刑罰を以て臨むことは相当でなく、結局、本件被告人の所為は、可罰的違法性を欠き、違法性そのものを阻却する」として無罪を言い渡した。

これに対して原審（東京高判昭和五八・三・三一刑集〔参〕四〇巻四号三三三頁）は、（一）（二）の事実は認め難いとした上で、（五）（六）の各事実は犯行の情状にすぎず、（四）も故意の確定性に関する問題であって違法性を否定するものではなく、（三）の取り付け行為により犯罪は成立しており、両罪はいずれもいわゆる危険犯であり、妨害されることは必要ではなく、「これらに対する妨害の結果を発生させるおそれのある行為があれば足りる」として、罰金三万円を言い渡した。

被告人が上告。

二　決定要旨

上告棄却。

「なお、被告人がマジックホンと称する電気機器一台を加入電話の回線に取り付けた本件行為につき、たとえ被告人がただ一回通話を試みただけで同機器を取り外した等の事情があったにせよ、それ故に、行為の違法性が否定されるものではないとして、有線電気通信妨害罪、偽計業務妨害罪の成立を認めた原判決の判断は、相当として是認できる。」（本決定には、大内恒夫裁判官の補足意見と、谷口正孝裁判官の反対意見が付されている。）

（大内恒夫裁判官の補足意見）「マジックホンは、要するに、『電話料金がただになる機械』であり、このような機器を電話回線に取り付けることが許されないことは、国民一般にとって容易に認識しうるところである。」しかも、両罪は「業務に対する妨害の結果を発生させるおそれのある行為がなされることによって成立する」。「また、反対意見において引用されている『一厘事件』（……）、『旅館たばこ買い置き事件』（……）等の判例は、あまりにも被害法益が軽微であるため社会に及ぼす害が小さいか、あるいは社会共同生活上、許容されてもよいような行為であり、しかもその情況のもとでは一般人としても犯しかねない零細な反法行為に関するものであって、本件とは全く事案の趣を異にし、先例として適切」ではない。

（谷口正孝裁判官の反対意見）　反対意見は多岐にわたるが、要するに本件では、本件機器についてAが説明したとおりの効果のあるものか、その性能を試すために、唯一回一通話分の通信をさせただけである。そしてその効果が判明した後、顧問弁護士の教示により、直ちにこれを取り外し、積極的に通話料金の支払を免れることを意図したものではなく、Aに対する恩義上の気持ちから購入したに留まること、積極的に違法性の認識をもちながら法敵対的

意識のもとに敢えて本件行為に及んだものとはとうてい認められないこと等の事情を考慮すれば、「本件被告人の行為の違法性及び責任性は極めて低いものと考えてよい」ことなどにより、「処罰相当性を欠き右各罪の構成要件該当性がない」と考えられる。

三　解　説

（一）　従来の判例の状況

本件では、タイトルにもあるごとく、被害軽微の場合の「可罰的違法性」が問題となっている。判例では、古くは一厘事件判決（大判明治四三・一〇・一一刑録一六輯一六二〇頁）を初めとしてこのような考え方が認められてきた。一厘事件では、煙草耕作者が政府に納入すべき葉煙草七分、当時の価格で一厘相当のものを私消したという旧煙草専売法違反（不納付罪）の事案につき、大審院は零細なる反法行為に「臨むに刑罰法を以てし刑罰の制裁を加ふるの必要なく立法の趣旨も亦此点に存するものと謂はさるを得す」として無罪とした。戦後の最高裁判所も、（旧）たばこ専売法違反の罪（たばこ販売罪、同販売準備罪）につき、たばこの小売人の指定を受けていない旅館の主人が、買い置きしておいたたばこを代金と引換えに渡していたという旅館たばこ買い置き事件判決（最判昭和三二・三・二八刑集一一巻三号一二七五頁）などにおいて、「右のごとき交付又は所持は、たばこ専売法制定の趣旨、目的に反するものではなく、社会共同生活の上において許容さるべき行為であると考える」として無罪としている。「零細な反法行為」を処罰しないという思想は、判例上一応認められてきたと言ってよい。では、やはり零細な反法行為にみえる本件マジックホン事件は、いかように考えるべきであろうか。すなわち、以上のような先例を考慮すれば、テ

ストとして行った、たった一回十円の徴収不能を「可罰的違法性」があると考えるべきであろうか。本決定をいかように位置づけるべきであろうか。

（二）　事件の特色

本件マジックホン事件では、被害の軽微性ではなく、有線電気通信妨害罪および偽計業務妨害罪は、いわゆる「危険犯」であり、妨害結果は必要ではなくマジックホンの「取り付け行為」があれば、両罪は成立するとしている。そもそも偽計業務妨害罪の「妨害した」の意義につき、危険犯か侵害犯かにつき争われてきている。判例は、妨害結果を発生させるおそれがある行為をすれば足りるとする見解、すなわち抽象的危険犯説に従来から立ってきた（大判昭和一一・五・七刑集一五巻五七三頁）。有線電気通信妨害罪でも同様と解されている。しかし、偽計業務妨害罪の「妨害した」の意義につき、学説では侵害犯とする見解が多数説であり、一部で具体的危険犯説も主張されている。判例の立場では、マジックホンの取り付け行為があれば、通話の有無・損害の多寡を問わず、両罪が成立することになる。判例の論理によれば、マジックホンの「取り付け行為」があれば全く通話しなくても、またテスト一回十円分の通話をした本件マジックホン事件でも、既に両罪は成立することになる。かような抽象的危険犯論の思考は法的正義に反するものと言えよう。やはり、事案の具体的諸事情を十分考慮し、本件のごとき絶対的軽微型の可罰的違法性が問題となる場合には、その処罰を否定することが健全な法思考に適うものと言えよう。

（三）　学説の状況

もっとも、一般予防の必要性という観点から本決定を支持する見解もある（西田典之『刑法総論〔第二版〕』〔二〇一〇〕二〇四頁）。すなわち、「マジックホン事件における予防の必要性の大きさを考慮すれば、判例を支持すべきであ

ろう。仮に、みかん一個を窃取した場合に、その『財物性』を否定して無罪とするとしても、そのことは、『みかん一個』が永久に財物に当たらないとするものではない。何回も同じ行為を繰り返せば、そこに予防の必要性が生じる」とされているのである。西田教授も、偽計業務妨害罪を「侵害犯」とされながら、もっぱら一般予防の必要性を理由に本決定に賛同されるのは理論的に矛盾があると言わざるを得ず、被告人が試しに行った、たった一回十円の損害をもってこれを肯定することはできないと言うべきであろう。その理は、判例の立つ抽象的危険犯論についても言えることであって、抽象的危険犯だからという理由だけで、有罪としたのは危険のない行為を処罰したと判断せざるを得ず、処罰の正統性を欠くものと言わざるを得ない（振津隆行『抽象的危険犯の研究』［二〇〇七］一四九頁）。

(四)　おわりに

最後に、講学のために「可罰的違法性」について概説しておこう。可罰的違法性とは、犯罪として刑罰を科するに値する程度の量と質をもった違法性のことである。犯罪は違法な行為であるが、犯罪が成立するためには刑罰という劇薬にもたとえられる法律効果を加えるにふさわしい程度の違法性を具備していなければならない。このような可罰的違法性が存在しないことを理由に、犯罪の成立を否定する理論を「可罰的違法性の理論」という。この理論は、実質的違法論と違法は程度・段階を付しうる概念であるという見解を前提として、刑法の謙抑主義の思想を背景に、展開されてきたものである。

以上を勘案すれば、抽象的危険犯論の問題と可罰的違法性論とが密接に関連しており、本決定には再考の余地があったと言えるであろう。

〈参考文献〉

本文中に掲げたもののほか、田中利幸・百選Ⅰ〈第六版〉三八頁およびそこに引用されている諸文献。

あとがき

本書で私は、いわゆる行為無価値論から結果無価値論への大転換を行なった。それは、すなわち恩師中義勝先生が終生首尾一貫して貫徹せられた行為無価値論の造反を意味するであろう。しかしながら、それとても恩師の教えの一つにすぎない。すなわち、中先生は日頃師説を超え、それを質すことが弟子たる者の任務であると常に仰っしゃられたことである。けだし、学問の世界においては、師も弟子もそれに殉ずる一学徒にすぎないからである。

さて、本書成立につき、多くは勤務校であった『金沢法学』に寄稿したものであるが、「主観的不法要素全面的否認説の再評価」は、『浅田和茂先生古稀祝賀論文集』（仮題）に寄稿するために新たに書き下ろしたものであり、また「条件説と『条件関係論』について」は、『山中敬一先生古稀祝賀論文集』（仮題）のためにこれも新たに書き下ろしたものである。両先生の古稀祝賀論文としてそれに値するかどうかは別論として、日頃抱懐している私見を開陳したものである。少し早いが古稀の記念として、両先生の笑覧に供して頂ければ幸いと存じている。

本書成立の過程を書いて、あとがきとしたい。

二〇一五年七月

振津隆行

著者紹介

振津隆行（ふりつ　たかゆき）

1949年　大阪市に生まれる

1973年　関西大学法学部卒業

1989年　金沢大学法学部教授

1998年　博士（法学）関西大学

2004年　金沢大学大学院法務研究科教授

2015年　金沢大学定年退職

現　在　金沢大学名誉教授

主要著書

『刑事不法論の研究』（成文堂　1996年）

『刑事不法論の展開』（成文堂　2004年）

『抽象的危険犯の研究』（成文堂　2007年）

『過失犯における主観的正当化要素の理論』（成文堂　2012年）

刑事不法論の再構成

2015年8月20日　初版第1刷発行

著　者　振津隆行

発行者　阿部成一

〒162-0041　東京都新宿区早稲田鶴巻町514番地

発行所　株式会社　成文堂

電話03(3203)9201(代)　Fax 03(3203)9206

http://www.seibundoh.co.jp

製版・印刷　藤原印刷　製本　弘伸製本

☆乱丁・落丁本はおとりかえいたします☆　検印省略

ISBN 978-4-7923-5157-1 C3032

定価（本体5000円＋税）